MADRE
SEGURA DE SÍ MISMA

OTROS LIBROS POR JOYCE MEYER EN ESPAÑOL

MADRE
SEGURA DE SÍ MISMA

CÓMO GUIAR A SU FAMILIA CON
LA FORTALEZA Y LA SABIDURÍA DE DIOS

JOYCE MEYER

Faith
Words

NEW YORK · BOSTON · NASHVILLE

FaithWords
Hachette Book Group
237 Park Avenue
New York, NY 10017

www.faithwords.com

Impreso en los Estados Unidos de América

RRD-C

Primera edición: Enero 2014
10 9 8 7 6 5 4 3 2 1

FaithWords es una división de Hachette Book Group, Inc.
El nombre y el logotipo de FaithWords es una
marca registrada de Hachette Book Group, Inc.

El Hachette Speakers Bureau ofrece una amplia gama de
autores para eventos y charlas. Para más información,
vaya a www.hachettespeakersbureau.com
o llame al (866) 376-6591.

La editorial no es responsable de los sitios web (o su
contenido) que no sean propiedad de la editorial.

International Standard Book Number: 978-1-4555-5325-9

ÍNDICE

INTRODUCCIÓN

Hace varios años, mi amigo John Maxwell estaba hablando en una de nuestras conferencias anuales para mujeres, y comenzó con un comentario que generó una enorme reacción. Dijo así: "La seguridad es el sentimiento edificante que usted tiene antes de entender de verdad la situación".

John estaba bromeando, por supuesto, pero aun así, creo que todas las madres de la audiencia pudieron identificarse con su afirmación. Como mamás, lo hemos vivido. La mayoría podemos acordarnos demasiado bien de la ingenua sensación de seguridad que inicialmente sentimos ante la perspectiva de la maternidad. Nos es fácil recordar los idílicos sueños que teníamos acerca de nuestros "envueltitos de gozo" que pronto nacerían.

También recordamos cuando de verdad comprendimos la realidad de la situación.

Los "envueltitos de gozo" crecieron y pasaron a ser niños pequeños en plena dentición y que lloraban y nos vomitaban encima cada vez que nos vestíamos para salir. Hacían rabietas e intentaban beber del bebedero del perro. Pronto, en vez de sentirnos seguras de nosotras mismas, comenzamos a preguntarnos si realmente teníamos lo necesario para hacer aquello correctamente. Comenzamos a ver nuestros defectos, a enfocarnos en nuestros fallos y a sentirnos incompetentes.

Estoy segura de que usted sabe de lo que estoy hablando. Toda mamá, sin importar lo increíblemente competente que pueda aparentar ser, ha perdido su seguridad en algún momento. Pero, gracias a Dios, hay una manera de recuperar esa seguridad. De hecho, es posible para nosotras como madres, en cualquier etapa de nuestra vida, volver a tener no ese tipo de seguridad falsa y fugaz de la que hablaba mi amigo John, sino la verdadera: esa que nos mantiene mirando hacia delante con confianza incluso cuando las cosas van mal, esa clase de seguridad que nos mantiene mirando hacia arriba y no hacia abajo, a pesar de nuestros errores. La que nos hace ser capaces de reírnos de nuestras imperfecciones y ser positivas en cuanto a nosotras mismas y lo que *podemos* hacer en vez de preocuparnos por lo que *no podemos* hacer.

Estoy convencida de que ahora mismo las madres cristianas en todo lugar están implorando esa seguridad. Dios no nos creó para criar a nuestros hijos bajo una nube de inseguridad. La inseguridad absorbe nuestra fe. Nos roba nuestro gozo. Nos engaña quitándonos la osadía que necesitamos para realmente destacar en lo que Dios nos ha llamado a hacer.

Incluso los atletas profesionales saben que esto es cierto. Recientemente, un gran exjugador de baloncesto estaba explicando por qué algunos competidores se mantienen en el nivel promedio mientras otros destacan. Dijo: "La diferencia entre un buen jugador y un gran jugador es la seguridad suprema en sí mismo. ¡No puede perder su confianza!". Aunque estaba hablando del deporte en ese momento, se podría decir lo mismo acerca de ser madre, con un ajuste significativo: la diferencia entre una buena madre y una gran madre es su confianza suprema *en su Dios supremo*.

El apóstol Pablo lo dijo así: *Porque…los que por medio del Espíritu de Dios adoramos, nos enorgullecemos en Cristo Jesús y no ponemos nuestra confianza en esfuerzos humanos…* (Filipenses 3:3).

Me encanta este versículo, ¿a usted no? Me gusta la idea de no prestar atención a mis propias debilidades e incapacidades naturales, ¡y poner toda mi confianza en Jesús! Disfruto mi vida mucho más cuando vivo de esta manera. También consigo hacer cosas mayores. He descubierto que es sorprendente lo que podemos hacer cuando dejamos de luchar en nuestras propias fuerzas para suplir las demandas aparentemente imposibles de la vida y sencillamente nos apoyamos en el poder y las promesas de Dios, porque para Dios nada es imposible.

Por eso el ministerio no es difícil para mí. Antes sí solía serlo, porque yo lo hacía difícil. Lo complicaba forzándome yo misma a ser perfecta y condenándome por cada error que cometía. Me preocupaba por agradar a otras personas y me desgastaba intentando impresionarles. Pero he recorrido un largo camino hasta poder dejar todo eso. Hoy día, sólo dependo de Dios y me levanto cada mañana decidida a tener un buen tiempo en Jesús. Como resultado, ministrar se ha convertido en algo fácil para mí. Es lo que hago, y lo hago con Jesús ayudándome durante todo el camino.

Aunque el ministerio y ser madre son dos cosas distintas, tienen esto en común: ambas cosas son llamados divinos. Y cuando Dios nos llama a hacer algo, nos da la gracia, fe y unción (poder del Espíritu Santo) para hacerlo. Y es más, Él permanece con nosotros en cada paso del camino. Ayudarle a conseguir una mayor revelación de esta realidad es de lo que se trata este libro.

En las páginas siguientes no encontrará un montón de instrucciones acerca de cómo hacer todo correctamente. No estoy aquí para darle eso, sino que estoy aquí para animarle e inspirarle con verdades de la Palabra de Dios que le ayudarán a ser la madre segura de sí misma que Dios creó. Por la gracia de Dios, quiero ayudarle a sacudirse la culpa, la condenación y el temor que le están deteniendo, a fin de que pueda disfrutar completamente del gozo incomparable de su llamado.

Le advertiré con antelación, no obstante, que el diablo luchará contra usted por esta revelación. Él odia la idea de una madre segura de sí misma. Lo ha odiado desde que Dios le informó en el Huerto que la simiente de la mujer iba a herir su cabeza (véase Génesis 3:15). Por esta razón lleva miles de años trabajando para mantener oprimidas a las mujeres. Él no sólo odia lo que representamos, sino que también entiende la poderosa influencia que las madres tenemos sobre futuras generaciones. Él sabe que es cierto el viejo dicho: "La mano que mece la cuna es la mano que gobierna el mundo". Así que está decidido a hacer todo lo que pueda para mantener nuestras manos temblando aunque sólo sea un poquito.

Pero no tenemos que dejar que se salga con la suya. La Palabra de Dios lo demuestra de principio a fin. Nos da ejemplo tras ejemplo de madres que confiaron en Dios, vivieron valientemente y vencieron las estrategias del diablo. (Hablaremos de algunas de esas mamás en este libro). Lo mejor de todo es que la Palabra de Dios nos cuenta la historia de una joven llamada María que dio a luz al Salvador. Mediante una fe sencilla en la promesa de Dios, dio a luz al Hijo que derrocaría al diablo de una vez por todas y daría la salvación a la humanidad. Las madres cristianas han estado derrotando al diablo desde entonces. Han estado descubriendo quiénes son en Cristo, levantándose en fe en la Palabra de Dios, y enseñando a sus hijos a hacer lo mismo.

En diferentes aspectos de la vida, las madres son todo lo diferentes que pueden ser. Algunas son amas de casa multitalentosas a quienes les encanta cocinar, hornear y coser para crear una bonita decoración del hogar. Otras son mujeres de negocios muy activas que pueden cerrar un trato financiero y a la vez ayudar con un proyecto de ciencias. Algunas tienen esposos comprensivos que les ayudan; otras lo están haciendo solas. Algunas tienen mucho dinero para gastar en sus hijos; otras apenas sobreviven.

Hoy, al igual que durante los tiempos bíblicos,

no existe tal cosa como el estereotipo de una mamá cristiana. Las madres victoriosas, seguras de sí mismas, vienen en todo tipo de variedades y personalidades. Lo único que se requiere es una mirada al modo en que las personas que han logrado un éxito notable describen a sus madres para ver lo impresionantemente distintas que las mamás pueden ser:

- Abraham Lincoln dijo que la suya era un "ángel".
- Andrew Jackson describió a la suya como "valiente como una leona".
- La poetisa Maya Angelou comparó la suya con "un huracán en su poder perfecto".
- Stevie Wonder llamó a la suya una "dulce flor de amor".

Estas afirmaciones lo dejan claro: no se necesita tener cierto tipo de personalidad para ser una gran mamá. No tiene usted que encajar en un molde concreto para criar hijos que terminen literalmente cambiando el mundo. Esa es la buena noticia para todas nosotras, porque cada una de nosotras es única. Pero aquí tiene una noticia que es incluso mejor: usted tampoco tiene que ser perfecta. Lo único que tiene que hacer es seguir creciendo en su relación con Dios y desarrollar una confianza suprema en Él.

Por la gracia de Él, ¡eso es algo que cada una de nosotras puede hacer!

CAPÍTULO 1

¿Nos estamos divirtiendo ya?

La idea en sí de que las palabras *Madre segura de sí misma* y *Joyce Meyer* pudieran aparecer juntas en letra impresa en algún lugar y en algún momento demuestra dos cosas acerca de Dios. Primero: Él es, sin lugar a duda, un completo hacedor de milagros. Segundo: Él tiene un gran sentido del humor.

Cuando comencé por primera vez este viaje llamado maternidad, no tenía ni la más mínima pizca de seguridad. De hecho, me quedé petrificada. Me sentía incapacitada, insegura e inepta, ¡y me sentía así por una buena razón!

Cuando di a luz a mi primer bebé, no sabía ni siquiera lo suficiente como para darme cuenta de lo que estaba ocurriendo cuando me puse de parto. Mi esposo me había abandonado por otra mujer al comienzo de mi embarazo, y sin el dinero para pagar un médico privado, había estado acudiendo a una clínica hospital para los cuidados maternales. Nunca vi dos veces al mismo doctor (de hecho, eran estudiantes), así que de algún modo no entendí bien la información básica que necesitan las madres primerizas.

Como resultado, durante aproximadamente los primeros seis meses después del nacimiento de David, tenía miedo de hacerle daño literalmente. Requería toda mi valentía tan sólo para bañarle. No tenía ni idea de cuál debía ser la temperatura del agua de su bañera, o la fuerza que podía usar para lavarle sin hacerle daño.

Si ha escuchado mi historia, ya sabrá que tuve muchos otros problemas en esos tiempos también. Aún estaba sufriendo como consecuencia de los efectos de años de abuso sexual que había experimentado mientras crecía. Era infeliz, y carecía totalmente de paz. Me sentía desanimada y sin esperanza. Como no podía dormir, había estado tomando pastillas contra el insomnio. Como no era capaz de comer, había ganado sólo unos 250 gramos de peso durante todo el tiempo que estuve embarazada. El estrés en mi cuerpo (junto a la tensión emocional que estaba soportando) me dejó muy enferma.

Además de todo eso, no tenía dinero. Había tenido un empleo durante gran parte de mi embarazo, pero cuando finalmente tuve que dejarlo, no tenía forma de pagar la renta de mi pequeño ático en un tercer piso, el cual, sin aire acondicionado ni ventilador, era como un horno con el intenso calor de casi 40 grados centígrados en verano. No quería mudarme a casa de mis padres por la conducta abusiva de mi padre, así que cuando mi peluquera tuvo compasión de mí y me ofreció irme a vivir con ella, acepté.

Y peor aún, cuando mi esposo infiel apareció en el hospital después del alumbramiento para reclamar el bebé y pedirme que le aceptara de nuevo, también le dije que sí. No importaba que él tuviera problemas con la justicia. No importaba que él tampoco tuviera un lugar donde vivir. Accedí a pesar de todo a mudarme con él a casa de su hermana hasta que pudiera volver a trabajar.

A veces me parecía como si nada me saliera bien, pero eso no era cierto. Había algo que me había salido bien: a los nueve años de edad había recibido a Jesús como mi Salvador. Él entró en mi corazón y, aunque pasé por tiempos en los que me sentí rechazada y abandonada por la gente, Él nunca me abandonó.

Lo que Él ha hecho en mi vida y en las vidas de mis hijos en todos los muchos años que han pasado desde mis primeros días aterradores como madre, es nada más y nada menos que milagroso. Por supuesto, los que están familiarizados con mi historia saben que el Señor trajo a Dave a mi vida, quien ha sido un esposo amante y maravilloso. Y en la actualidad, nuestros cuatro hijos son adultos y nos ayudan en nuestro ministerio de una forma u otra. Todos son talentosos e increíbles. Aman al Señor, y son una bendición no sólo para mí sino también para muchos otros. Todos ellos son mucho más sabios de lo que yo era a sus edades. Todos ellos tienen sus propios hijos, y han demostrado ser muy buenos padres y madres.

Hoy día puedo verdaderamente decir que estoy muy emocionada al ver en lo que mis hijos (¡y mis nietos!) se están convirtiendo. Por tanto, por la gracia de Dios tengo un testimonio que contar. Pero aun así, me hace sonreír entre dientes el pensar que el Señor me guiara a compartir este libro con usted. A fin de cuentas, el camino para llegar a ser una madre segura de mí misma ha sido largo para mí. He sido todo lo opuesto a una mamá "tradicional" y he cometido muchísimos errores durante el camino. Así que puedo decirle con confianza que si Dios puede ayudarme a ser una buena madre, Él también puede hacer lo mismo por usted. Estoy convencida de que Él puede transformar este viaje confuso e intimidatorio de la maternidad en su victoria más grande. Mejor aún, Él puede enseñarle a regocijarse en cada paso del camino.

No incluye instrucciones

Personalmente, hago mucho énfasis en regocijarse. Pasé tantos años siendo tan desgraciada, que en estos tiempos estoy decidida a disfrutar mi vida. Tampoco me disculpo por ello, porque creo que es tan importante para Dios como para mí.

¿Por qué, si no, incluiría Dios tantos versículos como estos en la Biblia?

> ...*yo he venido para que tengan vida, y la tengan en abundancia.*
>
> Juan 10:10

Porque el reino de Dios no es...sino de justicia, paz y alegría en el Espíritu Santo.

Romanos 14:17, RVR-60

Estas cosas os escribimos para que vuestro gozo sea cumplido.

1 Juan 1:4, RVR-60

Claramente, Dios quiere que nosotros como creyentes disfrutemos de la vida que Jesús nos dio con su muerte. Y creo que Él quiere que todas las mamás cristianas encajen en la descripción que da el Salmo 113:9: *Que se goza en ser madre de hijos* (RVR-60).

Si somos totalmente sinceras al respecto, sin embargo, debemos admitir que muchas veces no experimentamos ese gozo. Aunque amamos a nuestros hijos y estamos de acuerdo en teoría con que ser madre es uno de los mayores placeres de la vida, el gozo de la maternidad queda enterrado bajo una gran carga de trabajo, preocupación y frustración. Si alguien nos preguntase: "¿Nos estamos divirtiendo ya?", con demasiada frecuencia la respuesta sería *no*.

No son tan sólo las demandas diarias de ser madre lo que nos roba el gozo (aunque a veces pueden parecer interminables y agotadoras), sino el sentimiento de responsabilidad que sentimos por nuestra familia. Somos conscientes de lo mucho que nuestros hijos dependen de nosotras, y a menudo nos da miedo que de algún modo podamos fallarles, que no sepamos realmente lo que estamos haciendo; en definitiva, que no tengamos lo necesario para ser todo lo que ellos necesitan que seamos.

Como mamás, quizá no hablamos mucho de ello pero las preocupaciones están ahí igualmente. Según una encuesta llevada a cabo hace unos años, la mayoría de los padres son los peores críticos de ellos mismos. Con frecuencia, agobiados con sentimientos de fracaso:

- Se preocupan por si cometen demasiados errores.

- Tienen miedo a no saber cómo lidiar con los problemas a que se enfrenten sus hijos.

- Sienten que no son los ejemplos que deberían ser para sus hijos.

- Lamentan algunas de las decisiones que tomaron como padres y piensan que es demasiado tarde para dar marcha atrás y arreglar las cosas.

- Dudan de su capacidad para relacionarse con sus hijos y con los problemas que ellos afrontan en el mundo de hoy.

Me puedo identificar con ellos. Yo también me he preocupado por esas cosas durante el transcurso de los años. Todos mis hijos son muy distintos entre sí, y cada etapa de su desarrollo produjo cambios tan inesperados, que a menudo me sentía como si nunca los hubiera entendido. ¡Cuánto deseaba que todos hubieran llegado (como ocurre con los electrodomésticos) con un manual completo de instrucciones de funcionamiento! Dios podía haber hecho las cosas mucho más fáciles para nosotras las madres si hubiera adjuntado al dedo gordo del pie de cada bebé un librito que dijera: *Para un buen rendimiento en su infancia, haga esto... a los dos años, haga esto... durante la adolescencia, haga esto...*

Pero, obviamente, Él decidió no hacerlo así; ni para mí, ni para usted, ni para todas las demás.

¿Por qué?

Creo que es porque Dios tiene un plan mejor. Él quiere que naveguemos por las aguas profundas, misteriosas y a veces tormentosas de la maternidad al igual que los discípulos navegaron por las tempestuosas aguas del mar de Galilea (véase Marcos 4:35-41). Él quiere que dejemos de tener miedo y pongamos nuestra fe en Él y en su Palabra; que creamos que, como tenemos al Dios del universo en nuestra barca, a pesar de lo fuerte que sople el viento o lo grandes que sean las olas, ¡podemos llegar a la otra orilla en victoria!

Quizá usted diga: "Pero Joyce, ¡ahora mismo no siento que tenga lo necesario para llegar al otro lado en victoria! Mis hijos pequeños tienen continuas rabietas, mis hijos más mayores no van bien en la escuela, y mis adolescentes se están rebelando de una forma que nunca imaginé. Según van las cosas, mi barco de la maternidad está haciendo aguas y hundiéndose rápidamente".

Lo entiendo. Yo he estado ahí; y descubrí que sólo hay una manera de seguir a flote en ese tipo de tormentas: aparte sus ojos de sus sentimientos y mire a Jesús. Atrévase a creer que porque usted está en Él, lo que dice Romanos 8:37 es verdad para usted:

> *Sin embargo, en todo esto somos más que vencedores por medio de aquel que nos amó.*

¿Qué significa ser *más que vencedores*? Yo creo que significa que usted sabe de antemano que ha sido divinamente equipada para vencer cualquier tipo de problema. Significa que puede hacer frente a la vida con osadía y decir: "Nada en la vida puede derrotarme porque el Más Grande vive en mí, y me ha provisto de todo lo que necesito para manejar lo que Él me ha llamado a hacer. Puedo vencer en cada batalla porque todo lo que necesito para vencerlas es mío en Cristo Jesús. Porque estoy en Él, ¡tengo lo que se necesita!".

Usted tiene lo que se necesita

> *Es imposible disfrutar algo cuando tiene miedo a fracasar en ello.*

Es imposible disfrutar algo cuando tiene miedo a fracasar en ello. Pero cuando cree de todo corazón que realmente tiene todo lo que se necesita, ser madre puede ser mucho más divertido. Puede hacerlo con una alegre seguridad y con su estilo único propio. También puede experimentar la libertad y el gozo de ayudar a cada uno de sus hijos a ser esa persona única que es.

Visualícelo por un momento. Piense en lo divertido que sería afrontar cada día no con la cabeza gacha y los hombros caídos enfocándose en cómo ha fallado en todo, sino dejando que Dios sea su gloria y el que levanta su cabeza (véase Salmos 3:3). Imagínese tener tanta confianza en lo que Él ha puesto en su interior que, cuando se trata de ser madre, usted abrace su papel con sobrecogedora alegría y emoción. Bien, todo comienza cuando usted cree que Dios ya le ha equipado con todo lo que necesita para ser una madre exitosa y segura de sí misma.

"Sé que tiene razón, Joyce", usted dirá, "pero no siento que tenga mucho talento ni dones para mi papel de madre. De hecho, a veces siento que en absoluto tengo mucho que ofrecer".

La Biblia la menciona por primera vez en 1 Reyes 17:9. Ahí, Dios la nombra como la persona que Él había escogido para proveer comida al profeta Elías durante una hambruna producida por una sequía. *Ve ahora a Sarepta de Sidón*, le dijo Dios a Elías, *y permanece allí. A una viuda de ese lugar le he ordenado darte de comer.*

Desde una perspectiva humana, el plan de Dios parecía bastante ilógico. Esta viuda ni siquiera podía alimentar a su propio hijo; ¿cómo, pues, iba a alimentar al profeta? Cuando Elías aparece en su puerta, ella no tiene nada y está profundamente deprimida. Así que imagínese cómo respondió cuando Elías le pidió un poco de pan.

Tan cierto como que vive el Señor tu Dios—
respondió ella—, no me queda ni un pedazo de
pan; sólo tengo un puñado de harina en la tinaja
y un poco de aceite en el jarro. Precisamente es-
taba recogiendo unos leños para llevármelos a
casa y hacer una comida para mi hijo y para mí.
¡Será nuestra última comida antes de morirnos de
hambre!

¡Eso sí es una madre que sentía que no tenía nada
que ofrecer! ¡Esta mujer nos gana a todas! Sin embargo, Dios veía algo en ella que ella misma no podía
ver. Él la veía como una fuente de bendición que, en
las manos de Él, nunca se secaría. Por eso Él le or-
denó a Elías que le dijera esto:

No temas, le dijo Elías. Vuelve a casa y haz lo que
pensabas hacer. Pero antes prepárame un panecillo
con lo que tienes, y tráemelo; luego haz algo para
ti y para tu hijo.

Porque así dice el Señor, Dios de Israel: "No
se agotará la harina de la tinaja ni se acabará el
aceite del jarro, hasta el día en que el Señor haga
llover sobre la tierra".

Ella fue e hizo lo que le había dicho Elías, de
modo que cada día hubo comida para ella y su
hijo, como también para Elías.

Y tal como la palabra del Señor lo había anun-
ciado por medio de Elías, no se agotó la harina de
la tinaja ni se acabó el aceite del jarro.

vv. 12–16

Esta no es sólo una hermosa historia de la Biblia; es la historia de cada madre cristiana. Todas nosotras nos damos cuenta en algún momento u otro de que no tenemos suficiente en nosotras para suplir las necesidades de nuestros hijos. En un mundo lleno de peligro, no podemos garantizar su protección. En un mundo lleno de oscuridad espiritual, no podemos mantenerlos siempre rodeados de luz. En un mundo lleno de preguntas, no tenemos todas las respuestas.

En nuestra propia fuerza, todas somos como la viuda de 1 Reyes 17: nuestra despensa está lastimosamente vacía.

Pero incluso así, ¡no tenemos que preocuparnos! Dios ha prometido hacer por nosotras lo mismo que hizo hace tantos años en Sarepta. Si damos el paso de fe y le damos a Él lo que tenemos, Él hará que nuestras vidas sean un milagro constante. Él hará brotar de nosotras una fuente inagotable de su amor, su poder y su gracia. Él proveerá lo suficiente no sólo para nosotras y nuestros hijos, sino también para otros.

Así que ¡continúe adelante y regocíjese! En vez de enfocarse en sus propias debilidades y carencias personales, celebre la fortaleza de Aquel que está en usted. Cada vez que el diablo le amenace con robar su seguridad o hundir la barca de su familia, recuérdele que...

• Dios mismo le ha dicho... *Nunca te dejaré; jamás te abandonaré* (Hebreos 13:5).

- En Cristo, Dios... *siempre nos lleva triunfantes* (2 Corintios 2:14).

- *...Dios, Padre de nuestro Señor Jesucristo, que nos ha bendecido en las regiones celestiales con toda bendición espiritual en Cristo* (Efesios 1:3).

Cuando usted ponga su fe en Dios y medite en versículos como estos, será capaz de aceptar los desafíos únicos de la maternidad con nueva valentía y gozo. Vivirá como si hubiera nacido para hacer esto y para disfrutar cada minuto.

Sin duda alguna, será capaz de decir: "¡Sí, definitivamente ahora nos estamos divirtiendo!".

CAPÍTULO 2

Las mujeres perfectas no califican

"Me gustaría ser la madre ideal...pero estoy demasiado ocupada criando a mis hijos".

—Anónimo

En realidad, ella no existe. Pero en algún lugar en las sombras de la mente de casi cada madre, está viva, bien y causando graves problemas.

Su casa está siempre impoluta. (Esta mujer no tiene cajones llenos de chismes. Todo está organizado y guardado en atractivas cajas claramente etiquetadas). Su huerto es una maravilla de la agricultura (orgánico, por supuesto). Cose como un sastre, hace negocios como una alta ejecutiva, cocina para los pobres y levanta pesas todos los días en el gimnasio local. Y lo hace todo con paciencia infalible, dulzura y sonrisas.

Algunas quizá la consideran la mujer de Proverbios 31, pero la verdad es que no lo es. La mujer de Proverbios 31 se nos ha dado en la Escritura para inspirarnos. Ella nos da metas que alcanzar por fe y por la dependencia de Dios. Pero esta mujer que todas nos esforzamos por llegar a ser es una falsificación diseñada por nuestras propias inseguridades que nos hace sentirnos inferiores y condenadas. Es la imagen idílica de la mamá perfecta que nos hace sentir al resto de nosotras como fracasadas por mucho que nos esforcemos.

Ella es la razón por la que en una encuesta a más de 500 madres, se identificó el perfeccionismo como el problema número uno que impide que las mamás disfruten los momentos cotidianos de sus vidas.

Y este capítulo habla de deshacernos de ella, porque esta mujer ficticia sin defectos ha estado debilitando a las mamás durante demasiado tiempo. Nos ha causado demasiados problemas y nos ha costado demasiado gozo. Así que no hay dudas al respecto: tenemos que despedirla y reemplazarla por alguien más bíblica.

La única pregunta es: ¿a quién elegimos?

Como ya he mencionado, la mujer de Proverbios 31 es una ganadora evidente. Pero hay otras en la Biblia a las que también podríamos elegir. Mujeres como las que aparecen en el primer capítulo del Evangelio de Mateo en el pasaje comúnmente conocido como *las genealogías*.

Generalmente hablando, las genealogías no son famosas por su contenido inspirador. Pero cuando se trata de proporcionarnos modelos maternales ejemplares de primera línea, son una mina de oro divinamente inspirada. Revelan exactamente qué tipo de madres nuestro omnisciente y sabio Dios decidió colocar en el árbol genealógico de Jesús.

En las *genealogías*, vemos un cuadro del tipo de mamá mediante el cual Dios realmente puede obrar maravillas, y es un cuadro que no parece en absoluto cercano al "ideal".

Tenemos a Sara, por ejemplo. Como esposa de Abraham, es mencionada (no por nombre, sino por deducción) en Mateo 1:2, y estaba lejos de ser perfecta. De hecho, cometió bastantes errores sorprendentes. Si ha leído su historia, probablemente recuerde algunos de ellos.

- Se impacientó con el plan de Dios y diseñó su propio plan para producir el hijo que Él había prometido, arreglando todo para que su marido tuviera una aventura amorosa con su sirvienta.

- Se puso celosa del hijo de la sirvienta y demandó que ambos fueran expulsados al desierto, a pesar de las protestas de su esposo.

- Cuando Dios volvió a aparecer—¡en Persona!— para reconfirmar su promesa, ella literalmente se rió de incredulidad.

Sara no parece exactamente una buena candidata para recibir el premio a la Mamá Cristiana del Año, ¿verdad? Sin embargo, Dios la escogió igualmente y dijo: "¡Esta es una mujer con la que yo puedo trabajar!". Y así fue, Él tenía razón. Sara finalmente le creyó, concibió a Isaac y terminó en el *Salón de la fama* de Hebreos 11.

Después tenemos a Rahab. Se la menciona en Mateo 1:5 como otra mujer en el linaje de Cristo, e hizo su primera aparición en las Escrituras como una prostituta que vivía en la malvada ciudad de Jericó. Rahab no tenía pedigrí judío ni ningún logro del pasado para recomendarla. Sin embargo, Dios la escogió de todos modos. "¡Esta es una mujer con la que puedo trabajar!" dijo Él, y finalmente ella también encontró un lugar en el *Salón de la fama*.

No nos olvidemos de Betsabé. Betsabé desempeñó un papel principal en uno de los mayores escándalos de la Biblia. Se convirtió en la esposa del rey David mediante adulterio y quedó embarazada de un hijo ilegítimo. Pero en vez de rechazar a Betsabé como alguien con demasiados errores como para poder usarla, Dios la miró y dijo: "¡Esta es una mujer con la que puedo trabajar!". Betsabé maduró y llegó a ser una mujer virtuosa llena de fe que, según algunos eruditos, se convirtió en el modelo de mujer acerca de la que escribió Salomón en Proverbios 31.

Dios no está sorprendido

Creo que mamás como Sara, Rahab y Betsabé pueden ser de mucha inspiración. Puedo identificarme con el hecho de que tuvieran fallos y carencias. Como todo el mundo, yo he lidiado con carencias y he cometido una gran cantidad de errores.

No sólo fui dolorosamente imperfecta en mis primeros años como mamá, cuando Dios me llamó para comenzar a enseñar su Palabra, sino que era completamente embarazosa. Aparecía para enseñar mis primeros estudios bíblicos vistiendo unos pantalones muy cortos y fumando.

¡No sabía hacerlo mejor!

Pero eso no detuvo a Dios. Él me ungió igualmente, y esos estudios bíblicos fueron un éxito. (A las mentes religiosas quizá les cueste comprender esto, pero es cierto). Las personas siguieron llegando. Los números aumentaban. Dios me dio gracia para ser una bendición, no porque fumaba y vestía de manera inapropiada, sino porque Él sabía que yo le amaba y quería agradarle. Él me mostró una gran misericordia porque sabía que yo le dejaría trabajar conmigo y cambiarme con el paso del tiempo.

En la actualidad Él continúa haciendo lo mismo por mí, y como madre, puede descansar tranquila en que lo hará también por usted. Él le ungirá y le capacitará para ser una bendición para su familia a pesar de sus cajones llenos de chismes, fracasos de jardinería y ocasionales arrebatos de impaciencia. Mientras usted confíe en que lo hará, Dios le ayudará a tener éxito como mamá y cumplirá sus planes a través de usted; no porque usted sea perfecta, sino porque Él es perfecto.

Él sólo nos pide que hagamos algunas cosas sencillas:

1. Recibir a Jesucristo como nuestro Señor y Salvador.

2. Llegar a conocerle a Él y su Palabra, y desarrollar una relación personal íntima y profunda con Él.

3. Descansar y confiar en que Él sea nuestra sabiduría y fuerza en cada situación que nos encontremos.

4. Seguir la dirección del Espíritu Santo según nos guía a toda verdad y continuamente nos cambia a la imagen de Cristo.

La buena noticia es que incluso las cosas que Dios nos pide que hagamos, Él también nos capacita para que las hagamos ofreciéndonos continuamente su gracia. A medida que descansemos en Él haremos progresos, pero no nos haremos orgullosas y no reclamaremos el mérito del éxito. Viviremos vidas agradecidas, llenas de alabanza a Dios por su bondad y misericordia. Nuestro viaje con Dios es progresivo, y afortunadamente para nosotras, Él estará trabajando con nosotras durante el resto de nuestras vidas.

Así que podemos olvidarnos de la presión por hacer una actuación perfecta. Podemos sentirnos cómodas con cometer errores, admitirlos y seguir adelante. Podemos saber que Dios siempre nos ama incondicionalmente y que nunca hay condenación alguna para aquellos que están en Cristo (Romanos 8:1). Podemos vivir cada día en completa confianza y decir: "¡Estoy bien y estoy en el camino también!".

¿Por qué encontramos difícil decir cosas como: "Cometí un error"; "No es mi punto fuerte" o "He alcanzado mi límite"? ¿Por qué parecemos perpetuamente sorprendidas y desanimadas por nuestras propias debilidades naturales?

Con seguridad, Dios no está sorprendido por ellas.

Tan sólo observe lo que Él dijo en Jeremías 1:5: *Antes de formarte en el vientre, ya te había elegido; antes de que nacieras, ya te había apartado*...Dios sabía que usted no iba a ser perfecta; sólo Jesús fue perfecto, pero aun así Él le eligió a usted para ser suya y le llamó para hacer uno de los más importantes trabajos del planeta: ser madre. Él tomó sus debilidades en cuenta con antelación y les puso remedio enviando a Jesús para ser su Sumo Sacerdote misericordioso y fiel (véase Hebreos 2:17).

Porque no tenemos un sumo sacerdote incapaz de compadecerse de nuestras debilidades, sino uno que ha sido tentado en todo de la misma manera que nosotros, aunque sin pecado. Así que acerquémonos confiadamente al trono de la gracia para recibir misericordia y hallar la gracia que nos ayude en el momento que más la necesitemos.

Hebreos 4:15-16

¡Piense en ello! Realmente tiene un Sumo Sacerdote que le comprende. Él no requiere que sea usted perfecta cada día para tener una relación con Él. Y si Él no demanda perfección de usted, tampoco tiene que demandársela usted misma. Él quiere que le entregue las áreas de su vida que necesitan mejorar, pero Él está ahí para ayudarle en el proceso: usted no tiene que hacer el trabajo; sólo tiene que permitirle a Él hacer la obra en su vida. Puede relajarse y disfrutar, sabiendo que Él está complacido con usted y que está haciendo un buen trabajo en su vida.

Separe lo que usted es de lo que usted hace

Usted podría decir: "Pero Joyce, ¿puedo de verdad creer que Dios se agrada de mí incluso cuando todavía me equivoco y peco a veces?".

Sí, pero para hacer eso tiene que separar lo que usted *es* de lo que usted *hace*. Tiene que darse cuenta de que, como hija de Dios, es una nueva y hermosa creación. Su espíritu ha nacido de nuevo a imagen de Él; tiene su propia naturaleza en su interior. Cuando Él mira quién es usted, ve la semejanza de Jesús y dice de usted lo mismo que dijo de Él: *Éste es mi Hijo amado; estoy muy complacido con él*... (Mateo 17:5).

No pasemos sobre esto a la ligera. Dejemos por un momento que cale en nosotras:

Dios está complacido con Jesús y está complacido igualmente con usted. Está complacido de que usted le ame y de que quiera crecer y aprender. Así que atrévase a creerlo. Quizá quiera incluso detenerse y decir varias veces al día: "Aunque no soy perfecta, Dios me ama. ¡Él está complacido conmigo!".

Sin embargo, eso no significa que Dios aprobará todo lo que usted haga. Cuando hace algo mal, Él va a corregirle. Él espera que se arrepienta, reciba su perdón y reciba de Él la gracia que necesita para cambiar su comportamiento. Pero a través de todo esto, su amor por usted y su complacencia en quien usted es permanecerán constantes.

Como madre, entiendo cómo es eso posible. Ninguno de mis cuatro hijos hace todo de la manera que a mí me gustaría que lo hiciera, pero estoy complacida con ellos de todas formas. Me encanta pasar tiempo con ellos y hablar con ellos. Me encanta verles desarrollarse y madurar. Me complace lo que ellos son. Y lo que es más, no toleraré que nadie venga y me diga lo que está mal en ellos. ¡Son *mis* hijos y corregirles no es asunto de nadie más!

Dios se siente de la misma manera acerca de nosotras. Cuando el diablo empieza a criticarnos y a acumular condenación sobre nosotras, Él no quiere que lo toleremos. Él quiere que digamos: "Soy una hija de Dios. No tengo que escuchar la acusación del enemigo".

Francamente, no deberíamos ni siquiera criticarnos a nosotras mismas. No podemos vivir con seguridad si siempre estamos pensando: *No debería haber hecho aquello. No debería haber dicho eso. Debería haber orado más hoy. Debería haber pasado más tiempo confesando la Palabra. No debería haber sido tan impaciente. Debería haberles dado más abrazos a mis hijos hoy. Me siento tan culpable. Soy muy mala madre.*

Si este tipo de pensamientos están pasando incontrolablemente por su mente, ¡llévelos cautivos! (Véase 2 Corintios 10:5). Deje de permitirle al diablo criticar cada pequeña cosa que usted hace, y adopte la actitud del apóstol Pablo. Cuando la gente de su época empezaba a criticarle, dijo:

> ...*muy poco me preocupa que me juzguen ustedes o cualquier tribunal humano; es más, ni siquiera me juzgo a mí mismo. Porque aunque la conciencia no me remuerde, no por eso quedo absuelto; el que me juzga es el Señor.*
>
> 1 Corintios 4:3–4

¡Eso es lo que yo llamo libertad! Y eso es lo que Dios quiere para todas nosotras. Él quiere que abandonemos el hábito de juzgarnos y criticarnos a nosotras mismas. Él quiere que digamos: "Estoy decidida a hacer lo mejor que pueda cada día, pero incluso si no lo consigo, no voy a llenarme de pesar por ello. Voy a confiar en Dios que si hago algo que realmente le desagrade, Él me va a hablar y me va a mostrar cómo cambiarlo".

Dios puede trabajar con nosotras cuando pensamos así. Mientras le amemos, sigamos caminando con Él y pongamos nuestra fe en su perfección en lugar de hacerlo en la nuestra, no importa cuántos errores cometamos o cuánto nos desviemos, ¡Él siempre nos pondrá de nuevo en el camino correcto!

Aprenda cómo la gente real trata con el mundo real

Muchas veces nos preocupamos por nuestros errores e imperfecciones porque sabemos que nuestros hijos están observando lo que hacemos. Somos extremadamente conscientes de la importancia de establecer un buen ejemplo para que nuestros hijos lo sigan. Aunque es verdad que usted es un modelo para sus hijos, no tiene que ser perfecta para ser un buen modelo.

De hecho, si voluntariamente usted reconoce sus errores y se arrepiente rápidamente, si continúa confiando en Dios y rehúsa sentirse condenada, sus carencias pueden ser una gran ayuda para sus hijos. Pueden ayudarles a aprender cómo la gente real trata con el mundo real. Pueden darles la oportunidad de ver que, aunque todos somos imperfectos, todavía podemos recibir el perdón de Dios y las cosas pueden salir bien.

Esa es una de las lecciones más valiosas que los niños pueden aprender. Ellos necesitan saber que nosotras, como creyentes espiritualmente saludables, no tenemos que esconder nuestras faltas. Podemos hablar sobre ellas abiertamente y compartir con otros lo que hemos aprendido y cómo tratarlas. Podemos ser sinceras sobre nuestra propia humanidad y usar nuestros errores para animar a otros y aliviar su presión.

Esto no es solamente algo que predico, es algo que yo empecé a practicar en mi propia vida hace muchos años. Recuerdo, por ejemplo, épocas cuando Dave y yo entrábamos en una discusión acalorada delante de uno o de todos nuestros hijos. Los niños pueden entristecerse cuando sus padres discuten, así que había veces que nuestra discusión les hacía llorar.

Dave y yo por supuesto que lamentábamos nuestro comportamiento y el entristecerlos, pero en lugar de sentirnos culpables, lo usábamos como una oportunidad de enseñarles una lección valiosa. Les decíamos que la gente comete errores, y que estaba mal habernos enojado. Les hablábamos sobre el perdón de Dios y nuestro perdón los unos a los otros, y luego les explicábamos que en el mundo real la gente a veces no está de acuerdo en cosas y que se puede trabajar en ello y aun así amarnos mucho los unos a los otros.

Afortunadamente, Dave y yo no entrábamos en esa clase de discusiones delante de nuestros hijos muy a menudo. Si lo hubiéramos hecho, podría haberles afectado negativamente. Podrían haber comenzado a sentirse inseguros o incluso enojarse y discutir entre ellos.

Los niños tienden a reflejar lo que ven en sus padres, pero siempre recuerde esto: es lo que ellos ven *regularmente* lo que les impacta de verdad. De modo que no tiene que preocuparse por cada tropiezo. No debe pensar que va a arruinar a sus hijos cada vez que comete un error. Enfóquese en establecer un buen ejemplo para ellos, y le puedo asegurar que ellos no serán dañados por sus errores ocasionales.

Permítales verle orar cada día. Permítales oírle alabar a Dios por su fidelidad regularmente. Permítales ver que se equivoca, se recupera, y vuelve enseguida a caminar en fe y amor otra vez. Muéstreles a sus hijos a través de su ejemplo regular cómo estar confiados, no en ellos mismos sino en Dios.

Eso es lo que Kristin Armstrong decidió hacer.

Sin embargo, no fue fácil para ella. Según explica en su libro, *A Work in Progress: An Unfinished Woman's Guide to Grace* [Una obra en progreso: Guía de la gracia para la mujer por terminar], pasó años presionándose a sí misma para ser perfecta...y aparentemente lo consiguió. Obtuvo buenas calificaciones en la escuela, desarrolló una carrera brillante, se casó con un atleta de fama internacional y tuvo tres hermosos hijos. Construyó una vida con la que sólo sueñan la mayoría de las mujeres. Pero cuando su matrimonio finalmente fracasó y terminó en divorcio, el mundo aparentemente perfecto de Kristin se desmoronó.

Fue entonces cuando se dio cuenta de que su anterior sensación de seguridad era una farsa. "Lo que yo tenía era una fina capa de arrogancia sobre un corazón de temor", dijo ella. "Cuando mi vida empezó a derrumbarse, no tenía la destreza para enfrentar esa falta de perfección. Pero ese tiempo de quebrantamiento se convirtió para mí en un tiempo de liberación divina. Dios había estado esperando treinta años a que yo dijera: "Oye, puedes ayudarme con esto?... ¡Ya no puedo más!".

Con ese clamor, Kristin abandonó su tendencia a ser perfecta por sus propios esfuerzos y puso a Dios en el timón de su vida. Se convirtió en lo que ella llama "un gran proyecto de reforma". Ella tomó un mazo de gracia de Dios, hizo añicos su caparazón de perfección superficial, fabricado por ella misma, y comenzó a seguir los pasos de mujeres de fe como Sara, Rahab o Betsabé.

En otras palabras, se convirtió en una mujer con la que Dios podía trabajar. Y fue entonces cuando Él realmente comenzó a transformar su vida. Él abrió puertas para que ella escribiera y compartiera públicamente con otras madres lo que puede ocurrir cuando dejamos de intentar progresar en nuestras propias fuerzas hacia la perfección. "Ya no se trata de mí o de lo que puedo o no puedo hacer", dice. "Ya no tengo que preguntarme: *¿Soy lo suficientemente buena?* Sé que mi confianza está en Cristo y que soy quien Él decidió que fuera, así que sea lo que sea lo que tengo que ofrecer o decir es lo suficientemente bueno. ¡Qué alivio y libertad! Y es el regalo que quiero dar a mis hijos".

Amén, Kristin. ¿Qué mejor regalo podría haber?

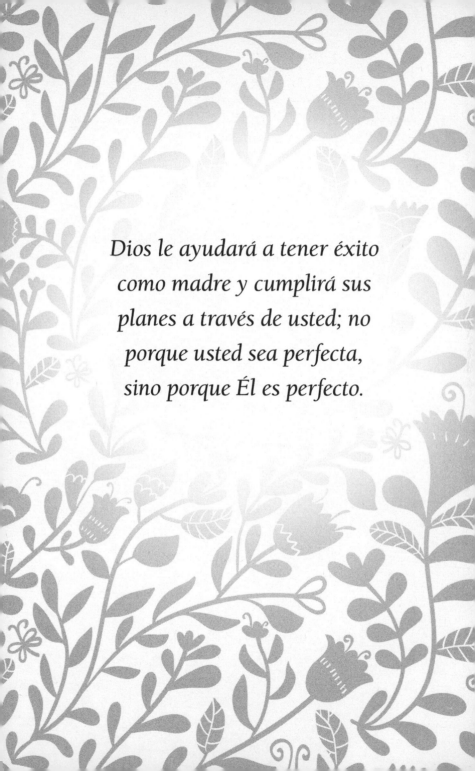

Dios le ayudará a tener éxito
como madre y cumplirá sus
planes a través de usted; no
porque usted sea perfecta,
sino porque Él es perfecto.

CAPÍTULO 3

Dios puede manejarlo

El 20 de mayo del año 2013, la profesora de cuarto grado Nikki McCurtin reunió a un asustado grupo de alumnos alrededor de ella y comenzó a leer. Ella dudaba si le prestarían atención. Tanto como amaban escuchar las historias de Aslan, el León, del libro de C.S. Lewis, *El sobrino del mago*, el masivo nubarrón que amenazaba en el horizonte tenía a los niños de la escuela en vilo.

La mayoría de los alumnos de la clase de Nikki ya se habían ido. Sus padres les habían recogido temprano, ansiosos por llegar a casa antes de que la tormenta estallara. Sólo quedaban siete de sus veintisiete alumnos, y sus caras serias la miraban sentados en el piso con las piernas cruzadas, esperando a que continuara la historia. Nikki les sonrió y tragó fuerte para aclarar la emoción en su voz. "Capítulo 9", dijo.

"El León se paseaba de acá para allá por aquella tierra vacía, cantando su nueva canción. Era más suave y más armoniosa que aquella con la cual había hecho aparecer las estrellas y el sol; una música dulce, susurrante. Y a medida que caminaba y cantaba, el valle se cubría de verde hierba. Crecía desde los pies del León como de un manantial...".

Los alumnos se aferraban a cada palabra. Desconectando del estruendo de los truenos que sonaba en el exterior, sintonizaron con el León que cantaba en la oscuridad y creaba vida con su voz. Nikki sintió al Espíritu Santo moviéndose en el salón. Ella sabía que los niños eran demasiado jóvenes para entender que el León representaba a Dios en la historia, y la tierra vacía al trabajo del diablo, así que hizo una pausa y les explicó que la vida siempre escapa de la oscuridad y que, al final, el bien siempre vence al mal.

Como a propósito, el interfono se encendió. La voz del director resonó a través de las clases y los pasillos. "¡Tomen precauciones de tornado *ahora*!".

En cuestión de minutos, Nikki, junto con los otros maestros de su ala de la escuela, habían guiado a los alumnos al baño para máxima protección. Las luces temblaban encima de sus cabezas. Los niños de los que Nikki se había enamorado ese año escolar gimoteaban de pánico a su alrededor. Entonces sonó su teléfono celular. Era su esposo, Preston. Había estado viendo el tornado en la televisión. "¡Viene hacia aquí! ¡Va a golpearles!", dijo. Antes de que ella pudiera responder, el teléfono se apagó.

El tornado irrumpió como un tren de mercancías. El piso vibraba y las paredes se sacudían. Los gimoteos de los niños se convirtieron en llanto. "¡Dios, dame un versículo para orar por ellos!", gritó Nikki.

Su respuesta fue inmediata. *Salmo 91:4. Él te cubrirá con sus plumas y bajo sus alas hallarás refugio. ¡Su verdad será tu escudo y tu baluarte!*

A la vez que oraba el versículo repetidamente a pleno pulmón, Nikki rodeó con su cuerpo a una pequeña niña como si fuese un escudo humano. Ella volvió su espalda a la puerta y luchaba contra las rachas de viento que la rodeaban arrastrándola hacia el centro de la tormenta. Según amenazaban con llevársela, de repente Nikki sintió una Mano más fuerte presionando su espalda con delicado poder, sosteniéndola en su lugar.

Se dio la vuelta para ver quién era, pero nadie estaba allí. Entonces escuchó la voz de Dios en su corazón diciéndole que ella estaría bien, que fuera lo terrible que fuera la tormenta, Él podía con ello.

Bloques de construcción se desmoronaron y cayeron alrededor de ella. El tejado se arrancó por encima de sus cabezas y el vacío creado por el tornado extrajo el aire de los pulmones de Nikki. Anhelando aire, ella se levantó, se dio la vuelta y se encontró al tornado justo delante de ella: un oscuro y monstruoso torbellino de suciedad y escombros.

Y después se fue. No sólo el tornado, sino también todo lo demás: *la escuela de primaria Paradise Towers, y milla tras milla de Moore, Oklahoma.* Nikki dio un grito ahogado ante tal devastación y recordó las escenas que Dios había pasado como un destello por su mente un par de días antes. Eran exactamente como esas, como una zona de guerra. Nikki había sabido que era una advertencia, y ella y su esposo lo habían tomado en serio y habían orado por ello.

Ahora estaba arrodillada entre sus alumnos, aún apiñados juntos entre los escombros. Algunos estaban magullados y sangraban, pero ninguno estaba herido de gravedad. Inclinándose hacia sus heridas, ella acalló sus sollozos. "Están vivos", dijo. "Están vivos. Todo irá bien".

Nunca sola

Como madres, la mayoría de nosotras nunca ha enfrentado lo que enfrentó Nikki McCurtin. No hemos tenido que orar en medio de un tornado de categoría F5, y esperamos no tener que hacerlo nunca. Pero quise contar la historia de todas formas porque de alguna manera todas podemos identificarnos con ella.

Todas sabemos lo que es ser golpeadas por una tormenta. Tener vientos de problemas rugiendo en nuestras vidas y sacudiendo nuestro mundo. Algunas veces esos vientos sacuden matrimonios o amenazan la economía. Otras veces traen enfermedad, decepción o dolor emocional. Pero no importa qué clase de tormenta afrontemos, como mamás queremos lo mismo que Nikki. Proteger a los pequeños que amamos de las turbulencias que les rodean y asegurarnos de que salen ilesos.

Eso no es fácil, incluso cuando lo único que

afrontemos en la vida sean unas cuantas lluvias aisladas. Pero cuando los tiempos realmente difíciles se acercan, puede parecer completamente imposible. Y esta es la sencilla verdad: los tiempos difíciles siempre llegan. Jesús nos dijo que llegarían. Él dijo en Juan 16:33 que mientras viviéramos en este mundo experimentaríamos problemas, pruebas y aflicciones. Y hoy día especialmente, las madres pueden verificar que esto es cierto.

De acuerdo a las estadísticas, muchas mamás en los Estados Unidos que crecieron viendo viejas reposiciones de *Déjeselo a Beaver* y soñando con una vida como la de June Cleaver están siendo atacadas por la espalda por una realidad completamente distinta. En los últimos 50 años, los índices de divorcio se han duplicado. El porcentaje de familias donde la madre es la cabeza del hogar ha aumentado a un impactante 47%. Menos mamás que nunca tienen la opción de quedarse en casa con sus hijos, y cada vez menos hogares ganan un sueldo cómodo.

Hoy día la vida familiar es más complicada.

- El 61% de las madres trabajan fuera de casa.
- El 86% de esas madres dicen que a veces o con frecuencia se sienten estresadas.
- El 48% de todos los primeros matrimonios en los Estados Unidos terminan en divorcio.
- 19 millones de niños están siendo criados por madres solteras.

- El 51% de esos niños viven por debajo del nivel de pobreza.

- El 43% de los matrimonios son segundos o terceros matrimonios.

- El 68% de esos matrimonios incluyen niños de matrimonios anteriores.

- 2.100 nuevas familias mixtas se forman cada día.

- El 82% de los padres de familias mixtas dicen que no saben dónde acudir a pedir ayuda para los problemas que afrontan.

Claramente, los tiempos han cambiado. Esto ya no es el mundo de June Cleaver.

Quizá usted ya sabe eso por experiencia. Quizá haya sido impactada por estas estadísticas de una forma muy personal, y la experiencia dichosa de la maternidad que un día imaginó ha dado un giro menos que dichoso. Si es así, aquí hay una palabra de ánimo para usted.

No está sola.

No sólo hay tres millones de otras madres en el mismo barco que usted, como le recordé en el último capítulo, Jesús está también en su barca, y Él dijo:

>...*Nunca te fallaré. Jamás te abandonaré.*
>
> Hebreos 13:5, NTV

Quizá pueda pensar: *¡Pero a veces me siento tan sola! Oro y le pido ayuda a Dios, pero no siento que Él esté conmigo, ¡ni siquiera en el vecindario!*

Si ese es el caso, déjeme animarle a dejar de escuchar a sus sentimientos porque le están diciendo una mentira. Jesús prometió estar con usted y lo está. Su mismo nombre, Emmanuel, significa Dios con nosotros.

Su mismo nombre, Emmanuel, significa Dios con nosotros.

Y algunas de sus últimas palabras que nos dijo antes de que ascendiera al cielo fueron estas:

"…y he aquí yo estoy con vosotros todos los días, hasta el fin del mundo".
                              Mateo 28:20, RVR-60

Esa promesa de que Él estará con nosotras "siempre" significa que Él estará con nosotras cuando criamos hijos difíciles. Él estará con nosotras si tenemos que tratar con esposos ausentes o familia política que critica. Él estará con nosotros cuando pasamos noches sin dormir consolando a bebés con cólicos o esperamos despiertas a adolescentes descarriados. Él estará con nosotras cuando nos enfrentamos a montañas de colada por lavar, fichamos en trabajos difíciles, y cuando ponemos nuestro empeño en sacar belleza de situaciones rotas.

Eso significa que no tiene que tener pánico si se está enfrentando a una abrumadora tormenta de problemas. No tiene que retorcer sus manos y decir, "¡Simplemente no puedo con esto!". En lugar de eso, puede seguir el ejemplo de Nikki McCurtin. Puede pedirle a Dios un versículo para orar y descansar en Jesús.

Él tiene todo el poder en los cielos y en la tierra. Él está con usted. ¡Y Él *PUEDE* manejarlo!

Encuentre ayuda en el desierto

Algunas veces el problema que afrontamos es fabricado por nosotras mismas. Es en esos tiempos difíciles cuando nos preguntamos si Dios aún nos ayudará, nos fortalecerá y estará con nosotras. Si está afrontando este tipo de situación hoy, quiero animarle diciéndole que Dios no se ha rendido con usted. Él está con usted y le dará la fuerza para superar cualquier obstáculo, incluso si ese obstáculo es uno fabricado por usted misma.

Si lo duda, repase la historia de una joven mujer llamada Agar en el Antiguo Testamento. Agar era una esclava en la casa de Abraham. Ella fue también la mujer nominada como "madre de alquiler" cuando Sara decidió que Abraham tuviera un bebé acostándose con alguien más joven y más fértil que ella.

Como esclava, Agar probablemente no tuvo elección en el asunto. Así se hacían las cosas en aquella época. Pero una vez que se quedó embarazada del hijo de Abraham, ella pudo elegir cómo iba a reaccionar ante la situación, y no decidió muy bien. Hizo de una situación ya complicada algo peor, comportándose con altivez hacia Sara y tratándola con desprecio.

Para decirlo con suavidad, Sara no respondió bien. De hecho, se enojó categóricamente. Decidida a poner a Agar en su sitio bajándole unos cuantos escalones, Sara la hostigó y la humilló en cada oportunidad. Así que Agar huyó…al único lugar al que se puede huir cuando se vive en un campamento en el Medio Oriente.

El desierto.

Para una joven embarazada, sola y sin provisiones, el desierto es un lugar duro para vivir. También es peligroso. Agar podía haber muerto allí perfectamente. Pero no murió porque Dios en su gran misericordia tuvo un encuentro allí con ella y le dijo lo que debía hacer.

Regresa a tu señora y sométete a su autoridad…yo te daré más descendientes de los que puedas contar…Ahora estás embarazada y darás a luz un hijo. Lo llamarás Ismael (que significa «Dios oye»), porque el Señor ha oído tu clamor de angustia…A partir de entonces, Agar utilizó otro nombre para referirse al Señor, quien le había hablado, «Tú eres el Dios que me ve»…

Génesis 16:9-13, NTV

El Dios que me ve. ¡Ese es un nombre hermoso para el Señor! Y fue dicho por vez primera por una madre en una situación de las que encogen el corazón. Una madre que había caído presa de malas actitudes y el comportamiento impío, exactamente como hacemos todas nosotras de vez en cuando.

El problema de Agar era, en parte, culpa de Abraham y Sara y en parte culpa de ella misma. Dios mismo no merecía nada de la culpa. Pero Él intervino de todos modos, derramó su bondad sobre ella y les prometió a ella y a su hijo un futuro fructífero.

Si Dios hizo eso por Agar en el Antiguo Testamento, ¿no podremos nosotras, madres de la época del Nuevo Testamento, estar incluso más seguras de que Dios nos verá y nos cuidará cuando nos encontremos en el desierto? ¿No podremos acaso acercarnos a Él con confianza para recibir misericordia y gracia para ayudarnos en nuestro momento de necesidad, incluso si la necesidad es resultado de nuestro mal juicio o comportamiento?

¡Sí! ¡Por supuesto que podemos!

Pero cuando lo hagamos, deberíamos recordar que Dios no nos liberará inmediatamente de toda situación problemática. No siempre hará que nuestras dificultades hagan ¡PUF! y desaparezcan. Así como envió a Agar de vuelta para aguantar a Sara durante un tiempo, Dios a menudo requerirá de nosotros trabajar con nuestros problemas durante un tiempo con su ayuda. Y cuando le digamos que no podemos hacerlo, Él nos dirá lo que le dijo a Pablo en 2 de Corintios 12:9: *Mi gracia... es suficiente para ti.*

"Señor, ¡la personalidad terca de mi hijo es demasiado para mí! ¡Me está volviendo loca!".

Mi gracia es suficiente para ti.

"Señor, ¡sé que necesitamos el dinero, pero no soporto este empleo ni un sólo día más!".

Mi gracia es suficiente para ti.

"Señor, es difícil ser madre soltera. ¡Estoy demasiado agotada para continuar!".

Mi gracia es suficiente para ti.

¿Qué es exactamente la gracia de Dios?

La gracia es el poder de Dios que nos capacita para hacer con facilidad lo que nunca podríamos hacer por nosotras mismas. Es el divino favor de Él derramado en nuestras vidas para suplir todo lo que necesitamos. Con la ayuda de la gracia de Dios, usted y yo podemos llevar a cabo cosas que nos hubiese sido imposible hacer por nosotras mismas, independientemente de cuán duro lo intentáramos y peleáramos.

> *La gracia es el poder de Dios que nos capacita para hacer con facilidad lo que nunca podríamos hacer por nosotras mismas.*

Y porque Dios nos proporciona gracia en abundancia de acuerdo a nuestra necesidad, ¡la gracia es el gran equilibrador! Cuantos más problemas y debilidades tiene, ¡mayor gracia recibe!

"Pero no conoce mi situación", podría usted decir. "Usted nunca ha tenido que lidiar con las cosas con que yo lo hago". Estoy segura de que eso es verdad. Todas nosotras tenemos nuestra propia carrera que correr y nuestras propias tormentas que conquistar. Cuando Dios me llamó al ministerio, yo tenía tres adolescentes en casa y un bebé que a menudo llevaba en mi cadera mientras intentaba hacer la voluntad de Dios. Tuve que tratar con un padre que había abusado sexualmente de mí durante años cuando era niña y que todavía se negaba a reconocer su error, y una madre que estaba en actitud de negación total. Tuve que tratar con amigos y familiares que me habían rechazado totalmente porque estaba enseñando la Palabra de Dios y en su opinión: "¡¡Las mujeres no pueden hacer eso!!". Igualmente tenía varios problemas menores de salud debido al estrés al cual había estado sometida durante un largo periodo de tiempo.

Lo que es más, mientras viajaba y enseñaba la Palabra e intentaba ser una buena madre, esposa y ama de casa, todo al mismo tiempo, mi esposo no estaba actuando de la manera que yo pensaba que debía hacerlo. Él insistía en utilizar su tiempo libre para jugar al golf o ver el fútbol en televisión en lugar de servirme a mí. Intenté todo lo que sabía para cambiarle. Me enojaba. Discutía. Manipulaba. ¡Incluso le supliqué a Dios que le diera convicción! Pero Dios no lo hizo a mi manera. Aparentemente, Él quería que me concentrara en mi propio caminar con Él y no en el de Dave. De modo que en lugar de hacer que Dave hiciese lo que yo quería que hiciese, Dios me dio gracia extra para permitirle a Él cambiarme a mí, y para confiarle todo y a todos los demás. Me encantaría decir que ocurrió rápida y dramáticamente, pero francamente, tomó mucho más de lo que yo hubiera

preferido; sin embargo, Dios al final usó las cosas que
eran difíciles para mí de manejar para poder cambiarme y llevarme a una relación más profunda e íntima con Él.

Esa es mi historia. La de usted puede ser muy diferente. Los retos que afrontamos son todos únicos y
muy diferentes. Pero aun así, puede contar con esto:
Dios le dará gracia más que suficiente para mane-
jarlos. Si usted es madre soltera, criando a varios hijos
sola y trabajando a tiempo completo para pagar las
facturas, Dios le llenará hasta el borde con la gracia
suficiente para hacerlo todo con gozo y paz. Si es una
mamá en casa y se siente aislada del mundo y que
no da fruto para el reino de Dios, Él hará lo mismo,
suplirle con su gracia en su momento de necesidad.
Dios promete darnos a cada una...

- Más y más gracia (véase Santiago 4:6).

- ...*De su plenitud todos hemos recibido gracia
  sobre gracia* (Juan 1:16).

- Una sobreabundante medida de la gracia de
  Dios (véase 2 Corintios 9:14)

Vi un ejemplo de esto en la vida de mi hija Sandra.
Después de que nacieran sus gemelas, el Señor la guió
a dejar de trabajar en nuestro ministerio y quedarse
en casa a tiempo completo.

Ella sabía que era la decisión correcta en ese momento, y como todas las mamás con niños pequeños,
estaba muy ocupada; pero aun así ella anhelaba alcanzar a otros con la Palabra de Dios. De modo que

le pidió a Dios gracia extra. Oraba cada día con las niñas para que Dios las usara como luz en todo lugar donde fueran.

¡Y por supuesto que Él lo hizo! Dios le dio a Sandra ideas inspiradas y la valentía para llevarlas a cabo. Una vez, por ejemplo, decidió animar y apreciar a la persona que recogía la basura. Le escribió una nota dándole las gracias e incluyó 50 dólares. Le dijo que con eso se tomara un buen almuerzo y le regaló uno de mis libros. Otra vez, iba conduciendo por la calle y observó a varios ciclistas reunidos en un estacionamiento. Siguiendo el impulso del Señor, se estacionó, habló con ellos y les dio un set de mis enseñanzas en CD.

Abra milagros con el "puedo"

Algunas de ustedes quizá sepan más sobre la gracia de Dios de lo que yo sabía cuando era una joven madre. Los primeros años que intenté vivir para Dios, no tenía ni idea de cómo hacerlo. Sabía que había sido salvada por gracia, a través de la fe, pero pensaba que una vez que había nacido de nuevo, yo tenía que hacerlo todo en mis propias fuerzas. Sentía como si Dios me hubiese lanzado una pelota de fútbol y estuviera esperando a que yo hiciera la anotación. ¡Qué agonía era eso!

Cuanto más estudiaba la Palabra, más veía las cosas que estaban mal en mí, pero no parecía encontrar el poder para cambiarlas. Escuchaba un buen sermón sobre cómo debería vivir y lo que necesitaba hacer. Yo estaba de acuerdo con ello, intentaba actuar en consecuencia, y caía de bruces. Leía un buen libro cristiano, veía lo que yo todavía no alcanzaba, y luego salía y de nuevo fallaba. Todo ese intentar y fracasar sólo me hacía sentir más frustración de la que ya tenía, y a menudo me causaba estar malhumorada con mis hijos.

Pero afortunadamente, con la gracia de Dios, finalmente empecé a aprender a recibir la gracia de Dios. Dejé de pelear en la carne, comencé a reconocer mi profunda dependencia de Dios, y confié en Él para que hiciera a través de mí las cosas que no podía hacer por mí misma.

Alguien dijo una vez: "Los milagros llegar con el 'puedo'", y estoy de acuerdo. Milagros comenzaron a sucederme cuando dejé de decir cosas como: " ¡Ya *no* lo soporto más!" y empecé a confesar por fe: "Todo lo *puedo* en Cristo que me fortalece. Sin Él no soy nada, pero con Él *puedo* hacer lo que me llame a hacer sea lo que sea. Nada es imposible para Él. *Él puede* hacer todo, ¡y su poder está en mí!".

Todavía digo esas cosas varias veces al día, casi cada día. Me ayuda a alabar a Dios y activar el poder vencedor de su gracia en mi vida. Hará lo mismo por usted. Así que si no lo hace todavía, comience. Desarrolle el hábito de confiar en Dios y cantar sus alabanzas todo el tiempo. Empiece a decir: "Puedo hacer todo lo que necesito hacer en la vida a través de Cristo que es mi fuerza".

Practique el creer su Palabra y el depender de su

poder incluso durante los días soleados de la vida.
Si aprende a hacer eso, estará preparada cuando los
vientos de los problemas soplen, y no tendrá que
sentir pánico. Sabrá que debido a la gracia de Dios,
la Luz siempre vence a la oscuridad, y que el bien
siempre vence al mal en las vidas de aquellos que
confían en el Señor. Será capaz de proteger a sus pequeños con su escudo de la fe y decir: "Todo va a salir
bien. No tienes que preocuparte por la tormenta. El
León de Judá está aquí mismo con nosotros…y Él
puede manejarlo".

CAPÍTULO 4

¡Lleno, por favor!

Una vez se hizo esta pregunta a un grupo de niños en la escuela primaria: "¿Qué usó Dios para hacer a las madres?". Su respuesta colectiva fue un clásico.

"Nubes, cabello de ángel, y todo lo bonito del mundo...con una pizca de crueldad".

Cuando mis hijos eran pequeños, quizá no hubieran estado de acuerdo con la respuesta de las nubes o el cabello de ángel. Sospecho, sin embargo, que hubieran estado de acuerdo con la *pizca de crueldad*. Definitivamente, tenían motivos para ello. Durante mi primera década como mamá (incluso algo más de eso), yo tenía la tendencia a ser lo que se puede llamar "gruñona".

Por supuesto que yo no quería ser así. Amaba a mis hijos tal como cualquier madre lo hace. Así que siempre quería ser paciente y cariñosa con ellos, y algunas veces lo era. Pero otras veces, era justamente lo contrario. Como una versión maternal de Dr. Jekyll y Mr. Hyde.

Intentaba cambiarme a mí misma; de verdad

intentaba e intentaba. Y si los poetas son creíbles, debería haber sido capaz de hacerlo. En las tarjetas de Hallmark y otras parecidas, a menudo ellos recitan que el amor de una madre es el mayor, más incondicional e infinito que existe. Pero por bonito que eso suene, puedo testificar por propia experiencia que no es cierto. El amor humano, incluso el que viene de una madre, tiene sus limitaciones.

Y yo encontré esas limitaciones muchas veces.

Probablemente las encontré un poquito más a menudo que otras madres porque mi vida emocional era un desastre. Debido a los años de maltrato que había experimentado durante mi crecimiento, me enojaba muy fácilmente y me sentía frustrada la mayor parte del tiempo. Mi estado de ánimo podía variar erráticamente de bueno a malo.

Sabía que había una mejor manera de vivir porque había escuchado muchos sermones sobre el amor en la iglesia. Había visto en la Biblia que el amor de verdad, el amor de Dios (que es muy superior al amor natural de madre) se comportaba. Como dice en 1 Corintios:

El amor es paciente y bondadoso... no es ofensivo. No exige que las cosas se hagan a su manera. No se irrita ni lleva un registro de las ofensas recibidas... El amor nunca se da por vencido, jamás pierde la fe, siempre tiene esperanzas y se mantiene firme en toda circunstancia. El amor durará para siempre...

vv. 4–5, 7–8

Aunque era todavía nueva en las cosas de Dios, cuando leí esos versículos por primera vez quería vivirlos con todo mi corazón. Esperaba hacerlo también. Después de todo, como cristiana soy una de esas personas sobre las que habla Romanos 5:5 cuando dice: *"...Dios ha derramado su amor en nuestro corazón por el Espíritu Santo que nos ha dado"*.

Pero las cosas no fueron como yo esperaba.

Mientras los niños estaban en la escuela, yo pasaba tiempo escuchando grabaciones con enseñanzas, alabando al Señor y poniéndome muy espiritual. Mientras estuviera sola en la casa, era tan encantadora como podía serlo. (¿Se ha dado cuenta alguna vez de lo fácil que resulta amar a los demás cuando está sola?). Cuando los niños llegaban a casa, yo estaba cantando alabanzas en la pila de la cocina. Pero entonces ellos comenzaban a dar portazos y a dejar caer libros, y los cantos de alabanza cesaban. De repente, yo explotaba de irritación. "¿Qué pasa con ustedes, niños? ¿Por qué no tienen más cuidado? ¡Bla...bla...bla!".

Me sentía horrible por ello, pero seguía ocurriendo una y otra vez. No podía entender cuál era el problema. Entonces un día el Señor me lo explicó: "Joyce", me dijo, "caminas todo el día sintiéndote mal contigo misma y esa presión produce tanto vapor dentro de ti, ¡que la menor cosa te hace explotar!".

Sabía exactamente a qué se refería. Mi madre tenía una olla a vapor cuando yo era pequeña. Tenía un pequeño cilindro metálico arriba que empezaba a girar y silbar cuando se calentaba. Si yo me acercaba, mi madre me decía: "¡No lo toques! ¡Podría explotar!".

Así era yo con mis niños en aquel entonces. Era como si anduviera con uno de esos cilindros de metal en lo alto de mi cabeza, girando y silbando. Lo único que los niños tenían que hacer era molestarme de alguna manera, y yo explotaba porque en lo profundo de mi ser me sentía mal conmigo misma.

¿Y por qué me sentía mal conmigo misma?

Por una sencilla razón: todavía no tenía una revelación personal y completa de cuánto Dios me ama.

No se puede dar lo que no se tiene

Es imposible dar algo que uno no tiene. Así que para dar amor de Dios a otros, necesito recibirlo yo misma primero.

Aunque yo escuchaba enseñanzas y leía sobre el amor en la Biblia, todavía estaba batallando con mi entendimiento del amor de Dios. Mire, estaba mayormente enfocada en lo que dice la Biblia sobre cómo debemos amar a otros. Me concentraba en lo que enseña sobre dar amor. Lo que no entendía era esto: Es imposible dar algo que uno no tiene. Así que para dar amor de Dios a otros, necesito recibirlo yo misma primero.

Eso era algo que yo no había hecho. Incluso aunque era salva y había intentado tener una relación con Dios, mi comunión con Él había sido disfuncional. No había sabido cómo recibir su amor, y lo que es más, ni el de nadie. Por eso, por mucho que anhelaba caminar de manera constante en el amor de Dios, no sólo hacia mis hijos sino también hacia mi esposo, mis familiares, mis vecinos e incluso mis enemigos, no podía ni llenar un dedal de lo que es caminar decentemente en amor.

Cuando Dios me mostró cuál era el problema, decidí hacer algo al respecto. Pasé un año entero estudiando y confesando lo que la Biblia dice sobre lo mucho que Dios me ama. Durante ese año, me puse como meta prioritaria afirmarme fuertemente en el cimiento de su amor. Pasaba tiempo con el Señor aceptando deliberadamente su amor por fe, y a lo largo del día lo afirmaba una y otra vez. Probablemente lo decía cien veces al día: "¡Dios me ama!". No sentía necesariamente nada diferente al principio; pero con el tiempo, el amor de Dios se convirtió en una realidad para mí.

Quizá fui un caso especialmente difícil. Debido a todo lo que yo había pasado, quizá tuve que trabajar más duro en recibir el amor de Dios que otras mamás cristianas, pero aun así, el principio básico que descubrí es verdad para todas las madres: si queremos derramar el amor de Dios sobre la vida de nuestros hijos, primero debemos recibirlo nosotras mismas.

En otras palabras, si no queremos quedarnos sin gasolina cuando la carretera se hace cuesta arriba a medida que el viaje de la maternidad parece largo, mejor detengámonos en la gasolinera del amor de

Dios cada día y digamos: "Aquí estoy, Señor. ¡Lleno, por favor!".

Lo mejor que puede hacer por su familia

Sé lo que probablemente esté pensando. Está tratando de imaginarse cómo se supone que se hace eso. Como mamá, su agenda ya está muy apretada. ¿Cómo va a encontrar el tiempo de ir a Dios y llenarse? Usted es como la mujer en las caricaturas que está consultando a un psicólogo para pedir ayuda. "Veamos", le dice a ella. "Emplea el 50 por ciento de su energía en su esposo, el 50 por ciento en sus hijos, y el 50 por ciento en su trabajo. Creo que veo su problema".

Esa caricatura no es sólo para reír entre dientes, sino que es un buen punto. Cuando las mamás gastan todo su tiempo (y más), en todos los demás y no se toman tiempo para sí mismas, empiezan a tener problemas. Lo veo ocurrir siempre, no sólo con las mamás sino con los ministros también. Están tan dedicados a suplir las necesidades de otras personas que ignoran sus propias necesidades. Después de un tiempo comienzan a venirse abajo.

Algunas veces se presionan demasiado físicamente. Sienten que tienen tanto que hacer que no se toman tiempo para hacer ejercicio y dar descanso a sus cuerpos adecuadamente. A la larga, son vencidos por el cansancio, la debilidad o la enfermedad. Y entonces todo el mundo que depende de ellos sufre.

En mi ministerio, he invertido mucho tiempo animando a los creyentes a cuidar sus cuerpos. "¡Es la casa en la que vive!", les digo. "Si la destruye, ¡se tiene que ir!". Sin embargo, a pesar de lo

> *Por eso, lo mejor que puede hacer como mamá por su familia es tomar tiempo cada día para tener comunión con Dios.*

importante que es la salud física, el bienestar espiritual es incluso más vital. No puede hacer lo que Dios le ha llamado a hacer sin tomar tiempo a diario para ocuparse de ello. Por eso, lo mejor que puede hacer como mamá por su familia es tomar tiempo cada día para tener comunión con Dios. (Hablaremos de esto en los capítulos siguientes).

Sé que no es fácil. Sé que quizá sus hijos quieran toda su atención todo el tiempo. Pero sólo puede darles la clase de atención que necesitan realmente si pone en primer lugar su relación con Dios.

Una mamá de Texas que recientemente ha compartido su historia añadiría un amén de corazón a esto. Ella decidió hace 30 años que sus hijos estarían mucho mejor si ella dedicaba la primera hora de cada día a Dios. En ese momento su agenda ya era frenética. Tenía un niño en la guardería, uno en primaria y un hijastro en la secundaria. También trabajaba a tiempo completo y enseñaba en la escuela dominical. Además de todo eso, su esposo viajaba mucho y la mayoría de las tareas de la casa recaían sobre ella.

El único lugar donde ella podía encontrarse a solas con Dios en la casa era en el vestidor de su dormitorio. Así que allí era donde iba cada mañana, Biblia en mano, a orar. Y como el diablo pelea en contra de nuestro tiempo personal con Dios más que contra cualquier otra cosa, lo que ocurrió después no es de extrañar. Una tubería debajo del vestidor tenía una gotera y empapó por completo la alfombra. Aunque el propietario de la casa tardó seis semanas en reparar la fuga, esta mamá rehusó detenerse. Simplemente extendió una gran bolsa de plástico sobre la alfombra empapada y continuó orando.

Cuando al principio empezó esos tiempos de oración, la familia era un desastre. Las tensiones económicas y el estrés de una familia mixta la habían dejado agobiada y de mal humor. Ninguno de sus hijos estaba interesado en Dios en absoluto, y los mayores estaban empezando a tener serios problemas. Pero poco a poco, las cosas comenzaron a cambiar. A medida que esta madre pasaba tiempo recibiendo el amor de Dios para ella misma, el ambiente en su casa se hizo cálido y se enterneció. Su paciencia y gozo aumentaron. Aunque aún estaba lejos de la perfección, el nuevo amor que sus hijos vieron en ella les afectó profundamente. Pronto, todos fueron salvos y se enamoraron del Señor.

Hoy día aún lo están. Están siguiendo su ejemplo y criando nietos en los caminos del Señor. Cuando ella va a la iglesia el domingo y mira al pastor tras el púlpito, aprecia especialmente esas horas dedicadas a la comunión con Dios en ella...porque ahora su pastor es su hijo.

Incontables madres en todo este país y alrededor del mundo tienen historias similares que compartir. Cada una de ellas sin duda podría asegurarle que no debería sentirse culpable por reservar tiempo de su apretada agenda para estar a solas con el Señor y recibir su amor. Es la inversión más valiosa en su familia que jamás podría hacer.

Un ciclo sobrenatural

Me gusta el término *inversión* porque representa un ciclo de depósito, devolución y continuo crecimiento. Así es el ciclo del amor de Dios: Él invirtió su amor en usted enviando a Jesús. Cuando invertimos el tiempo en recibir ese amor y le amamos a cambio, el amor dentro de nosotras aumenta. Comienza a verse *usted misma* diferente, y es más capaz de amarse a sí misma. (¡Eso es algo bueno! Jesús le dijo que amase a su prójimo como a usted misma, ¿verdad?). También tiene más amor que dar a otros. Porque al amor de Dios abunda en usted, puede amar a todas las personas que le rodean como Jesús lo hace.

Primera de Juan 4 lo expone de esta manera:

En esto consiste el amor verdadero: no en que nosotros hayamos amado a Dios, sino en que él nos amó a nosotros y envió a su Hijo como sacrificio para quitar nuestros pecados. Nosotros

sabemos cuánto nos ama Dios y hemos puesto
nuestra confianza en su amor. Dios es amor, y
todos los que viven en amor viven en Dios y Dios
vive en ellos; y al vivir en Dios, nuestro amor crece
hasta hacerse perfecto...porque vivimos como
vivió Jesús en este mundo.

vv. 10, 16–17, NTV

Cuando usted vive en este ciclo de amor, y su hijo
rompe una ventana jugando al béisbol o sus hijas
derraman esmalte de uñas en la alfombra, no tiene
que explotar lo que tiene acumulado como si fuera
una olla a presión. Puede hacer algo muy diferente.
Puede dejar que el amor de Dios que está en usted
fluya como un río y lleve paz a la situación. Puede
aplicar la corrección que necesita aplicar, pero sin
pasarse por estar enojada. Puede ser tan sobrenatu-
ralmente paciente y amable que sus hijos pensarán:
Caramba, mamá...¿que te ha pasado?

Así que concédase el permiso de ser como Juan el
discípulo. Él hizo tal hábito de estar cerca de Jesús
que se llamó a sí mismo "el discípulo al que amaba
Jesús". En la última cena, él era el que estaba recos-
tado en el pecho de Jesús.

Cada madre necesita tiempo para recostarse en
Jesús. Todas necesitamos rellenar nuestros corazones
continuamente con la revelación de que somos profunda y sinceramente amadas por Dios. Y esté lo
ocupada que esté, no es usted ninguna excepción.
Necesita que se le recuerde a diario que...

- Dios le ama de tal manera y le valora tanto, que dio a su Hijo unigénito, para que usted pueda creer en Él y no se pierda, sino que tenga vida eterna (Juan 3:16).

- Jesús le ama exactamente como el Padre le ama a Él (Juan 15:9).

- Nadie tiene mayor amor o cariño más fuerte que aquel que da su propia vida por sus amigos, ¡y eso es lo que Jesús ha hecho por usted! (Juan 15:12).

- Su Padre celestial le ama tiernamente, no porque usted hace todo perfecto sino sencillamente porque ama a Jesús y ha creído que Él vino del Padre (Juan 16:27).

- El Padre la ama tanto como ama a Jesús (Juan 17:24).

- Dios mostró su amor por usted en el hecho de que siendo aún pecador, Cristo murió por usted (Romanos 5:8).

- Nada puede jamás separarle del amor de Dios que es en Cristo Jesús nuestro Señor (Romanos 8:39).

- El Padre tiene tal clase de amor por usted, que la eligió para ser su propia hija (1 Juan 3:1).

Estas son tan sólo unas cuantas de las escrituras que hablan de lo mucho que Dios le ama. Le animo a que las use para lanzarse a su propio estudio sobre el amor de Él. Tome algún tiempo para meterse en la Palabra y acercarse a Jesús. Descanse en Él y dígale: "Señor, aquí estoy. ¡Lleno, por favor!".

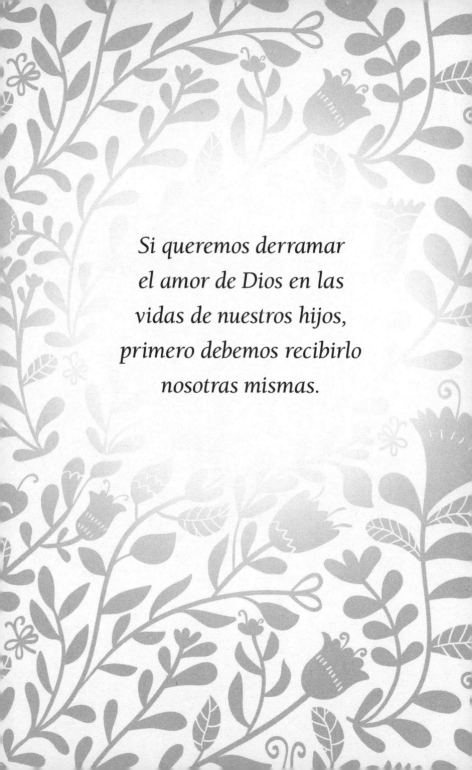

*Si queremos derramar
el amor de Dios en las
vidas de nuestros hijos,
primero debemos recibirlo
nosotras mismas.*

CAPÍTULO 5

Mantenga la vista en el espejo

¿Qué haría Jesús?

Hace unos años, esa era una pregunta de moda. Parecía como si en todo lugar la gente estuviera preguntándose eso, y muchas personas incluso llevaban brazaletes con las siglas en inglés WWJD o tenían adhesivos en el automóvil con esas iniciales que representaban la pregunta: "¿Qué haría Jesús?". Ya no se escucha tanto hoy día, pero mientras trabajaba en este libro me di cuenta de que es una gran pregunta para las mamás cristianas. Realmente resume casi todo lo que debemos saber.

Cuando nuestros hijos se están comportando mal, y ninguna de nuestras tácticas disciplinarias ha funcionado, necesitamos saber lo que Jesús haría para enderezar las cosas. Cuando ya sólo nos queda un nervio en pie y uno de nuestros hijos lo está pisoteando, necesitamos saber lo que Jesús haría para mantenerse cuerdo. Cuando vemos los peligros alrededor y nos preocupamos de que Dios no protegerá a nuestros pequeños, o nos preguntamos cómo ser un buen ejemplo a seguir para nuestros hijos, necesitamos saber qué haría Jesús en nuestro lugar.

¡Imagine sólo por un momento que gran padre sería Jesús!

• Estaría seguro en su habilidad para disciplinar correctamente porque Él tiene la sabiduría de Dios.

• Sería siempre paciente porque Él está lleno del fruto del Espíritu.

• Confiaría siempre en la protección de Dios porque Él vive por fe.

• Sería un buen ejemplo las 24 horas del día porque Él es el perfecto reflejo y la misma imagen de Dios.

"Eso es cierto", puede usted decir, "y está bien y es bueno para Jesús. Pero no veo cómo eso me ayuda a mí. Yo no tengo todas las cualidades maravillosas que Él tiene. *¡Yo no soy como Él!*

Sí.

Usted.

Lo es.

Si ha recibido a Jesús como su Salvador, tiene dentro de usted todo lo que Él es y todo lo que Él tiene. A través del milagro del nuevo nacimiento, Él ha sido reproducido en su interior. Eso no es sólo mi opinión, sino lo que dice el Nuevo Testamento. Versículo tras versículo declara:

Ha sido recreada a imagen de Jesús, regenerada (nacida de nuevo), no de un origen perecedero (simiente), sino imperecedero mediante la Palabra de Dios que vive y permanece.

(Véase 1 Pedro 1:23)

Usted está unida al Señor y *usted es* un espíritu con Él.

(Véase 1 Corintios 6:17)

Lleguen a tener parte en su naturaleza divina.

(Véase 2 Pedro 1:4)

Usted es nacida del Espíritu, *y el fruto del Espíritu* [el trabajo que su presencia dentro de nosotros lleva a cabo] es amor, alegría (gozo), paz, paciencia (un temperamento tranquilo, autocontrol), amabilidad, bondad (benevolencia), fidelidad, humildad (afabilidad, mansedumbre), dominio propio (contención, templanza).

(Véase Romanos 8:9, Gálatas 5:22–23)

Usted tiene la mente de Cristo (el Mesías) y contiene los pensamientos (sentimientos y propósitos) de su corazón.

(Véase 1 Corintios 2:16)

Toda la plenitud de la divinidad habita en forma corporal en Cristo; y en él, que es la cabeza de todo poder y autoridad, ustedes han recibido esa plenitud.

Colosenses 2:9-10

Sé lo que probablemente esté pensando. Si todas esas cosas son ciertas sobre mí, entonces ¿por qué tengo tantas luchas? ¿Por qué tan a menudo termino haciendo lo que Jesús *no haría?*

Porque la parte de usted que es como Él, su espíritu, está escondida en su interior. Está envuelta, por así decirlo, dentro de su alma y de su cuerpo. (Esto es importante que lo recuerde: usted *es* un espíritu; *tiene* un alma; y *vive en* un cuerpo.) Su alma y su cuerpo no han sido regenerados como su espíritu lo fue cuando nació de nuevo. No han sido aún cambiados a la imagen de Jesús. Tienen que ser transformados (completamente cambiados) a lo largo del tiempo hasta que se ajusten y reflejen su yo real interno.

Esta transformación puede ser un proceso desafiante. La primera cosa importante que hacer es creer que tiene la naturaleza de Dios habitando en usted. Su creencia se convierte en su vivencia, así que, lo que cree es extremadamente importante. En segundo lugar, recuerde que la transformación es un proceso. Celebre sus victorias aunque sean pequeñas; mire lo lejos que ha llegado en su crecimiento en Dios y no se estrese por lo lejos que piensa que todavía tiene que ir. Estaremos trabajando con el Espíritu Santo el resto de nuestras vidas aprendiendo a rendirnos a su voluntad en lugar de ir por nuestro propio camino emocional y terco. Podemos, sin embargo, acelerarlo haciendo algo en lo que nosotras las mujeres tendemos a ser buenas: mirarnos en el espejo; ¡y *mucho!*

Dos revelaciones transformadoras

Antes de que se emocione demasiado, déjeme aclarar algo. No estoy hablando de mirarse en el tipo de espejo que cuelga encima del lavabo de su cuarto de baño. Eso no hará mucho para hacerle más como Jesús. Si lo hiciera, la mayoría de nosotras seríamos súper santas ya porque hemos pasado innumerables horas mirando en ese tipo de espejos. Desde luego, yo lo he hecho. Yo no me levanto de la cama con el aspecto con que usted me ve en la televisión o enseñando en conferencias.

Paso tiempo cada mañana rebuscando en bolsas llenas de maquillajes, untando cremas en mi cara, y rociando mi cabello con todo tipo de productos diferentes. Me gusta estar lo mejor posible cuando voy a salir, así que considero mi espejo natural una herramienta diaria e importante en mi vida.

Sin embargo, tengo otro espejo que es mucho más importante para mí. Es un espejo espiritual que ha cambiado no sólo mi aspecto, sino también la manera en que vivo. Es un espejo que me ha transformado de dentro hacia afuera y me ha dado una vida completamente nueva.

En caso de que aún no lo haya adivinado ya, estoy hablando del espejo de la Palabra de Dios.

Aunque es triste decir esto, viví durante años como madre y como cristiana sin descubrir nunca ese espejo. Ah, sí, leía la Biblia a veces. Había incluso temporadas en las que leía un capítulo cada día, pero lo hacía desde una sensación de obligación religiosa.

Pensaba que lo hacía para Dios y que Él me iba a dar puntos por ello. Sin embargo, finalmente, el Señor cambió mi perspectiva. Él dijo: "Joyce, no me ayuda *a mí* cuando lees la Biblia. ¡Te ayuda *a ti!*".

¿Cómo nos ayuda exactamente la Palabra?

Trabaja de diferentes formas, pero cuando nos acercamos a la Palabra de Dios como si fuese un espejo, nos cambia revelándonos dos cosas: en primer lugar, nos muestra quiénes somos en Cristo. Abre nuestros ojos a nuestra verdadera identidad espiritual. En segundo lugar, nos muestra los cambios que necesitamos hacer por la gracia de Dios en nuestras actitudes y acciones para que nuestro exterior concuerde mejor con nuestro interior. En otras palabras, nos revela cómo vivir como quienes hemos sido creadas para ser.

Si alguna vez ha visto la película de Disney *Tarzán* con sus hijos, ha visto una buena ilustración de lo que este tipo de revelación puede hacer. (Sí, ya sé que Tarzán no era cristiano, pero sígame la broma). Piense en lo que ocurría en esa película. Al principio, los padres de Tarzán murieron y él perdió contacto con su identidad. Los gorilas de la jungla le tomaron y le criaron como uno de su especie. Como resultado, él se identificó con ellos y actuaba como ellos.

Después se encontró con seres humanos y su vida empezó a cambiar. Cuanto más veía cómo los humanos vivían y se comportaban, tanto más él se veía a sí mismo en ellos. ¡Tuvo la iluminación de que él no era un gorila en absoluto! Era un ser de una especie completamente diferente con la capacidad de vivir una clase de vida totalmente distinta. Como resultado, empezó a actuar de forma diferente. Empezó a vivir su verdadera identidad. En lugar de actuar como un mono, ¡empezó a actuar como un hombre!

En cierto sentido, eso es lo que ocurre cuando los cristianos miran en el espejo de la Palabra de Dios. Como Jesús es la Palabra hecha carne, le vemos en cada página de la Biblia (véase Juan 1:14). Vemos quién es Él, cómo piensa y cómo actúa. Vemos en Él a quien hemos de ser al nacer de nuevo. En el proceso, se nos revela cada vez más que lo que la Biblia dice de nosotras, ¡es en realidad literalmente cierto!

> *Por lo tanto, si alguno está en Cristo, es una nueva creación. ¡Lo viejo ha pasado, ha llegado ya lo nuevo!*
>
> 2 Corintios 5:17

> *Así, todos nosotros, que con el rostro descubierto reflejamos como en un espejo la gloria del Señor, somos transformados a su semejanza con más y más gloria.*
>
> 2 Corintios 3:18

No siga andando a tientas en la oscuridad

Personalmente, ¡me encanta ver cómo yo me veo en la Palabra! Me hace sentir bien conmigo misma. Me da algo que confesar cuando abro mis ojos en la mañana y me recuerda los errores que cometí ayer.

Si he estado mirando en el espejo de la Palabra, no tengo que poner las sábanas sobre mi cabeza y esconderme cuando trato con las acusaciones del enemigo o con sentimientos de condenación. ¡Puedo levantarme con seguridad y alegría por quién soy en Cristo! Cuanta más seguridad tengamos como mamás, más seguridad seremos capaces de infundir en nuestros hijos.

Otra cosa que me encanta de mirar en la Palabra es que me ayuda a ver en lo que he estado fallando. Arroja luz en las áreas oscuras de mi vida donde he estado equivocada y necesito sabiduría. Áreas donde he estado andando a tientas, chocando con cosas y haciendo desastres porque no tengo la suficiente luz para ver dónde me estoy equivocando.

Algunos creyentes tienen miedo a esa clase de luz. Piensan que ser corregidos por la Palabra es algo negativo. ¡Pero no lo es! Es como mirarse en un espejo y darse cuenta de que se tiene una mancha de chocolate en la cara o un trozo de espinaca entre los dientes. Se puede sentir un poco de vergüenza pero, aun así, uno se alegra de haber mirado. De otra forma, podría haber seguido todo el día sin corregir el problema.

Sé lo que es eso. Antes de comenzar a estudiar la Palabra, viví durante años sin saber el desastre que yo era. Creía que todos los demás eran el problema. Pensaba que

> *Hay vida, luz y poder transformador en la Palabra de Dios.*

mi vida era desgraciada porque Dave necesitaba cambiar…o mis hijos necesitaban cambiar…o necesitábamos una casa más grande o más dinero. Yo necesitaba la luz espiritual de la Palabra de Dios para ver que el mayor de los cambios que necesitaba mi vida era el cambio en *mí*.

¡Gracias a Dios por la Palabra! Hay vida, luz y poder transformador en la Palabra de Dios. Ha revolucionado mi vida por completo.

Lo mismo puede ser cierto para usted. La Palabra de Dios puede no sólo ayudarle a ser una gran mamá, sino que también le dirá lo que necesita saber para tener victoria en cada área de su vida. Por eso Dios dijo en Josué 1:8:

> *Recita siempre el libro de la ley y medita en él de día y de noche; cumple con cuidado todo lo que en él está escrito. Así prosperarás y tendrás éxito.*

Cuando esas palabras fueron escritas por primera vez, la única parte de la Palabra de Dios que la gente podía leer era el *Libro de la Ley,* que consistía en los primeros cinco libros del Antiguo Testamento. Hoy día tenemos el resto del Antiguo Testamento y el Nuevo también. Si Josué podía actuar sabiamente y tener éxito con la parte de la Palabra que tenía, ¡imagine lo que podemos hacer con todo lo que está a nuestro alcance!

Señor, hágase conmigo conforme a tu Palabra

Para ver un ejemplo de una madre que fue transformada por el poder milagroso de la Palabra de Dios, lo único que hay que hacer es leer sobre María, la madre de Jesús. Ella fue radicalmente cambiada al mirar en el espejo de la Palabra. Era sólo una joven adolescente común que vivía una vida ordinaria cuando el ángel Gabriel se le apareció y le dijo:

¡Te saludo tú que has recibido el favor de Dios! El Señor está contigo. María; Dios te ha concedido su favor. Quedarás encinta y darás a luz un hijo, y le pondrás por nombre Jesús. Él será un gran hombre, y lo llamarán Hijo del Altísimo...

Lucas 1:28, 30–32

Esa palabra de parte de Dios, por maravillosa que era, no parecía corresponderse con la situación de María de ninguna manera. Ella no era nadie famoso. La Biblia no indica que ella hubiera tenido ninguna experiencia espectacular en su vida que la hiciera sentirse especialmente favorecida con Dios. Y es más, ella era virgen. De modo que tenía todas las razones evidentes para decirle a Gabriel: "Lo siento Sr. Ángel, pero parece que ha venido a la dirección equivocada. No veo cómo esta palabra de Dios puede aplicarse a mí de ninguna manera".

Sin embargo, no es así como respondió María. En lugar de dudar de la palabra de Dios, ella la creyó.

Miró a su espejo, ajustó la forma en que se veía a sí misma y dijo: *"He aquí la sierva del Señor; hágase conmigo conforme a tu palabra"* (Lucas 1:38 RVR-60).

¡Y eso es lo que usted puede decir cuando lee lo que la Biblia dice de usted!

Cuando, por ejemplo, lee en 1 Juan 3:9, que *ninguno que haya nacido de Dios practica el pecado, porque la semilla de Dios permanece en él...* usted puede decir: "¡Esa es la verdad sobre mí! La semilla, la naturaleza de Dios habita en mí. No tengo que ceder a la impaciencia o a cualquier otro pecado. Puedo ser tan paciente y calmada con mis hijos como Jesús mismo lo es porque su vida está en mí. Señor, ¡hágase conmigo conforme a tu Palabra!".

"Pero Joyce", puede decir usted, "he intentado eso ya y no funcionó. Dos horas después de haberlo dicho, los niños fueron gritando por toda la casa con los pies llenos de barro y exploté con ellos. ¡Simplemente no puedo cambiar!".

Por supuesto que sí puede.

Pero para hacerlo necesita recordar que ser transformada por la Palabra es un proceso. Jesús no dijo que si leía unas pocas escrituras una o dos veces sería completamente cambiada. Él dijo: *Si vosotros permaneciereis en mi palabra, seréis verdaderamente mis discípulos; y conoceréis la verdad, y la verdad os hará libres* (Juan 8:31-32, RVR-60).

Piense otra vez sobre lo que le ocurrió a María. La promesa de Dios estaba desarrollándose en su interior, pero en lo externo ella no se vio en nada diferente durante un tiempo. Le tomó tiempo a la Semilla divina dentro de ella crecer y transformarse en algo que el resto del mundo pudiera ver.

Como mamás, deberíamos entender esto mejor que nadie. Sabemos de primera mano lo que es estar embarazada pero que todavía "no se note". Hemos sentido en nuestros propios cuerpos el revuelo interno de una vida concebida. No dudamos de la existencia de nuestros bebés no nacidos durante esos meses en los que estaba aún escondido en nuestro interior. No nos desanimamos sólo porque todavía no había hecho su aparición en el mundo.

No, simplemente confiamos en el proceso. Nos gozamos y creímos que mientras nosotros proporcionáramos al pequeño ser que vivía en nuestro interior todo lo que necesitaba para crecer y madurar, finalmente se convertiría en un bebé sonriente, hermoso e inquieto al que podríamos sostener en nuestros brazos.

Esa es la actitud que usted debería adoptar con respecto a la semilla de la Palabra de Dios. Tiene el poder de Él en sí misma. Igual que una semilla natural tiene la capacidad de reproducir la vida que está en ella, la Palabra de Dios tiene la capacidad de reproducir en usted la vida de Él, su carácter y naturaleza. *Ciertamente, la palabra de Dios es viva y poderosa…* (Hebreos 4:12). Le dará el poder para ser y hacer lo que dice de usted.

Así que no se desanime sólo porque no cambie de la noche a la mañana. No se enoje consigo misma y pierda tiempo sintiéndose condenada cada vez que comete un error. ¡Sólo persevere en el proceso! Siga empapando su espíritu cada día con el agua de la Palabra de Dios. Mantenga la mirada en el espejo de Dios y diga: "Señor, hágase conmigo conforme a tu Palabra".

Sin tardar mucho, lo que se está desarrollando en su interior se mostrará en el exterior. Cada vez más, sabrá y será capaz de hacer por su familia exactamente lo que haría Jesús.

CAPÍTULO 6

Tome un descanso...y crea

Ser mamá puede ser uno de los trabajos más extenuantes de la tierra. Como la mayoría de las madres, descubrí eso tan pronto como nació mi primer bebé. Y esta revelación se incrementó con la llegada de cada hijo adicional.

Puedo aún recordar vívidamente cuando mi hija tenía cólicos del lactante y lloraba cada noche durante semanas. Llegué a estar tan desesperada por dormir que llamé al doctor y le di un ultimátum. "O me da algo para dejar a esta niña fuera de combate, o me encierra en un psiquiátrico a mí, porque ¡NO AGUANTO MÁS!".

No hay duda, usted se puede identificar.

Incluso si no ha tenido una cuna o un biberón en su casa desde hace años, como madre aún afronta días en que está agotada por todo lo que tiene que hacer. Días en los que ha dado tanto de sí misma que siente que no tiene nada más para dar. Días en los que las demandas de la maternidad drenan tanto sus recursos físicos y emocionales, que sueña con irse de vacaciones. A algún sitio lejano. Sola. Yo he sentido ganas de huir de casa unas cuantas veces en mi vida, y probablemente usted se haya sentido igual.

Todas tenemos ese tipo de días; ninguna madre está exenta de ellos. Tanto si estamos en casa a tiempo completo o trabajamos en un empleo, tanto si estamos casadas o solteras, tanto si nuestras cuentas bancarias son gordas o esqueléticas, todas nos agotamos.

Por definición, estar *agotada* significa estar "estar exhausta de fuerzas o resistencia, no tener más vigor o frescura, tener los recursos internos mermados". Significa que lo que hace ya no le produce placer.

También significa que está en terreno peligroso.

He descubierto, y probablemente usted también, que si estoy demasiado cansada pierdo el control de mis emociones y me vuelvo gruñona. Tomo malas decisiones. Estoy tentada a comer de más y a gastar de más. Siento lástima de mí misma y tiendo a no resistir la tentación. ¡No es de extrañar que la Biblia diga que el diablo busca "quebrantar" a los santos (Daniel 7:25)! Cuando estamos agotadas, planchadas, exprimidas y apenas capaces de caminar arrastrándonos, somos presa fácil para él. Así que si vamos a ser la clase de mamás que aspiramos a ser, no podemos permitirnos el llegar a agotarnos. Debemos asegurarnos de que estamos descansadas y renovadas cada día.

Vivir de vacaciones

Casi puedo oírla reír ahora mismo. "Sí, claro Joyce. Haré eso. Cada vez que me canse un poquito, sacaré un poco del dinero que gané en la lotería, dejaré a los niños con Mary Poppins y me pasaré unos cuantos días en el Caribe, ¡colgada en una hamaca bebiendo agua de coco!".

Si eso es lo que está pensando, le aseguro que no es lo que estoy sugiriendo. Entiendo que no pueda literalmente tomarse unas vacaciones físicamente cada vez que se canse. Incluso es muy probable que no pueda ni encontrar tiempo para una siesta, pero hay algo que sí puede hacer. Puede aceptar la oferta de Jesús en Mateo 11:28-29:

Vengan a mí todos ustedes que están cansados y agobiados, y yo les daré descanso. Carguen con mi yugo y aprendan de mí, pues yo soy apacible y humilde de corazón, y encontrarán descanso (descanso, alivio, refresco, relajación y tranquilidad bendita para su alma).

(Traducido directamente de la Amplified Version)

Piense por un momento en las palabras que Jesús usó en esa escritura. Cuando las lee en esta versión, describen perfectamente lo que cada madre agotada anhela: *descanso, alivio, refresco, relajación y tranquilidad bendita.*

No sé lo que viene a su mente cuando oye esas palabras, pero a mí me suenan a unas vacaciones perfectas, y eso es exactamente de lo que está hablando aquí Jesús. Nos está prometiendo unas vacaciones no para nuestros cuerpos, ¡sino para nuestras almas!

Imagine vivir cada día con su alma de vacaciones. Imagine criar a sus hijos, administrar su casa, cuidar el negocio en la oficina y hacer todo lo demás en su vida en un lugar

> *Imagine vivir cada día con su alma de vacaciones.*

de descanso sobrenatural. Esa es la manera en que Jesús dijo que podríamos vivir.

Esto no da a entender que Él nos prometió una vida libre de problemas. No lo hizo. Lo que Él dijo fue que no tenemos que dejar que los problemas de la vida nos agoten. Podemos conectar con Él y dejarle tirar de la carga. Piense en dos bueyes unidos juntos por un yugo, uno débil y el otro infinitamente fuerte. El débil no tiene por qué agotarse, ya que no tiene que preocuparse de que el trabajo es demasiado duro o la carga demasiado pesada. Lo único que tiene que hacer es seguir el paso y permitir que la infinita fuerza de su compañero de carga haga por él todo lo que él mismo no puede hacer.

Hebreos 4 se refiere a este tipo de vida como entrar "al descanso" de Dios, y dice que es su voluntad para todos nosotros. Pero tristemente, pocos cristianos experimentan este descanso regularmente. Aunque toman el yugo de Jesús sobre ellos en el momento de la salvación, después de ser salvos se lo quitan de nuevo y se agotan a sí mismos tratando de arrastrar la carga de la vida ellos solos.

Como madres, caemos presa de esto bastante a menudo. Sabe a lo que me refiero: nos puede preocupar que nuestro hijo no sea suficientemente popular en la escuela, así que trabajamos hasta la extenuación organizando fiestas e invitando a todos los niños de la ciudad. Nos puede preocupar que nuestro adolescente se sienta inferior si su ropa no lleva etiqueta de diseñadores, así que sobrecargamos las tarjetas de crédito vistiéndola hasta el cuello. Podemos temer que porque tenemos que trabajar fuera de casa, nuestros hijos se van a sentir carentes, así que cedemos a cualquier demanda de ellos y rehusamos decirles no. Y mientras tanto, según nos impulsamos a nosotras mismas hasta el agotamiento, el Señor está diciendo:

> *¿Acaso no lo sabes?¿Acaso no te has enterado? El Señor es el Dios eterno, creador de los confines de la tierra. No se cansa ni se fatiga, y su inteligencia es insondable. Él fortalece al cansado y acrecienta las fuerzas del débil. Aun los jóvenes se cansan, se fatigan, y los muchachos tropiezan y caen; pero los que confían en el Señor renovarán sus fuerzas; volarán como las águilas: correrán y no se fatigarán, caminarán y no se cansarán.*
>
> Isaías 40:28–31

¡Es lo que es!

Si quiere algunos secretos prácticos sobre cómo vivir con su alma de vacaciones, quizá quiera hacer un estudio de esos versículos. No sólo nos dicen que no debemos agotarnos; también nos dicen específicamente lo que podemos hacer para mantenernos descansadas y renovadas de manera sobrenatural.

El versículo 28, por ejemplo, nos recuerda que la inteligencia de Dios es insondable, que Él sabe infinitamente mucho más de lo que sabemos nosotros y siempre lo sabrá. Podemos dejarle a Él la resolución de todos los problemas que podamos imaginar y el cuidado de las malas circunstancias que somos incapaces de cambiar.

No me importa admitir que fue duro para mí aprender a hacerlo. Pasé años preguntando: "¿Por qué. Dios? ¿Por qué?"; o "¿Cuándo, Dios? ¿Cuándo?". Perdí cantidades enormes de energía emocional y mental luchando por cambiar a personas y situaciones que estaban totalmente fuera de mi control. ¡Era agotador! Pero finalmente entendí que no era realmente la gente o las circunstancias lo que me estaba drenando, era la actitud negativa con que yo lo enfocaba. A menudo me gusta preguntar: "¿Son las situaciones su problema, o es su actitud su problema?". Mi problema durante muchos años era definitivamente mi actitud.

Esas eran las malas noticias; pero entonces descubrí las buenas noticias: puedo tomarme unas vacaciones de esas actitudes negativas cuando yo quiera.

Lo único que tengo que hacer es dejar de luchar y de resentir las dificultades de la vida y decidir confiar en el Señor en medio de ellas. Lo único que tengo que hacer es adoptar la actitud: *Es lo que es...* y con la ayuda de Dios puedo hacer lo que necesito hacer.

No me malentienda; no estoy diciendo que deberíamos aceptar pasivamente las obras del diablo. Creo que Dios quiere que tengamos una vida buena y llena de paz y gozo. Él quiere que seamos bendecidas y que nuestras necesidades estén cubiertas. El diablo viene sólo a robar, matar y destruir, y deberíamos resistirle. Dios no nos ha librado, sin embargo, de cada situación desafiante y de toda la gente difícil. Por el contrario, Él a menudo permite ambas en nuestras vidas, y lo hace con un sólo propósito: usarlas para nuestro bien.

Una vez que entendemos esto, podemos vivir vidas mucho más refrescantes. Nuestras almas pueden descansar felizmente en una hamaca de confianza sin importar lo que ocurra a nuestro alrededor, mientras mantengamos la certeza de que Romanos 8:28 es verdad: *Ahora bien, sabemos que Dios dispone todas las cosas para el bien de quienes lo aman, los que han sido llamados de acuerdo con su propósito.*

"¡Pero es que no puedo entender cómo Dios podría sacar jamás algo bueno de los problemas que estoy afrontando!", puede usted decir. "Sólo desearía que Él me dijera lo que está haciendo".

Entiendo; a veces me siento igual. Pero he descubierto que Dios rara vez comparte conmigo cómo va a resolver las cosas exactamente. Simplemente quiere que yo confíe en Él. Incluso cuando no entiendo, o la vida parece injusta, o cuando me duele tanto que casi no lo puedo soportar, Él quiere que yo diga: "Señor tú lo sabes todo. Tú ya tenías este problema resuelto aún antes de que yo lo tuviera. Aunque no sé lo que vas a hacer al respecto, creo que me amas y sé que vas a hacer algo bueno. Así que no me voy a preocupar o estar ansiosa. Voy a descansar en ti".

Dos muchachos muy listos

Si alguna vez siente que *no puede* relajarse y confiar en Dios, piense en Sonya Carson. Ella es una madre que comenzó su vida con más golpes contra ella de lo que la mayoría de nosotras puede imaginar. Nació en una familia de 24 hijos, y creció en un ambiente de pobreza y abuso. Se casó a los 13 años con un hombre mucho mayor que ella, con la esperanza de una vida mejor. Pero en lugar de eso, después de tener dos hijos descubrió que su esposo tenía otra esposa y otra familia. Sin otra opción mejor, Sonya se divorció y empezó a criar a sus dos hijos sola.

Una mujer de color, en la década de 1960, con una educación de sólo tercer grado, Sonya no estaba en absoluto preparada para las cartas que la vida le había repartido. Así que durante los primeros años tras el divorcio, luchó contra la confusión y una depresión peligrosa. Cada vez que era demasiado para ella, enviaba a Curtis de 10 años y a Ben de 8 años a casa de amigos o vecinos durante algunas semanas.

Ella lo organizaba para que los muchachos tuviesen tanta diversión mientras ella no estaba, que ellos nunca supieran que su madre secretamente pasaba esas semanas en una institución mental intentando recomponerse y encontrar una forma de hacer lo que tenía que hacer.

Afortunadamente, Sonya Carson era lo suficientemente valiente e inteligente para pedir ayuda cuando la necesitaba, primero a otras personas y finalmente a Dios. De manera que no pasó mucho tiempo antes de que ella ya no necesitara esos viajes secretos. De hecho, se volvió tan fuerte y tan llena de esperanza que nada podía sacudirla. Ni la menguante despensa, ni el prejuicio racial que sus hijos afrontaban en la escuela, ni el hecho de que a veces trabajaba en tres empleos a la vez, pasando largos días cuidando de las casas y las familias de la gente rica por salarios mínimos mientras sus hijos estaban solos en casa. Ni siquiera las malas notas que el pequeño Ben traía a casa o su reputación como el peor estudiante en su clase de quinto grado en la escuela Higgins Elementary, podían sacudirla.

Sonya rehusó permitir que cualquiera de esas cosas robaran su seguridad en Dios. "Todo va a salir bien", les dijo a Curtis y a Ben. Ellos lo creían porque ella misma lo creía fuertemente. Y cuando hablaban con ella sobre sus propias luchas, ella siempre les señalaba a la Fuente de su fuerza. "Sólo pídeselo a Dios, y Él te ayudará".

Cuando Ben había ya crecido, él escribió sobre una época en particular cuando la confianza de su madre en Dios le ayudó a cambiar el curso de su vida. Él había ido con ella a uno de los muchos servicios a los que asistían en la iglesia. El sermón se había enfocado en médicos misioneros que trabajaban en el extranjero y ayudaban a la gente a vivir vidas más felices y más sanas.

"Eso es lo que quiero hacer", le dije a mi madre según caminábamos de regreso a casa. "Quiero ser médico. ¿Puedo ser médico, Madre?".

"Bennie", dijo ella. "Escúchame". Nos detuvimos y Madre me miró fijamente a los ojos. Después, poniendo sus manos en mis hombros, ella dijo: "Si tú le pides algo al Señor y crees que Él lo hará, entonces ocurrirá".

"Creo que yo puedo ser médico".

"Entonces, Bennie, serás médico", dijo ella con total naturalidad, y comenzamos a caminar de nuevo.[1]

Actuando conforme a su fe en la capacidad de Dios de ayudar a sus hijos a superar los obstáculos apilados delante de ellos, Sonya limitó su tiempo de televisión y les pidió que leyeran y escribieran trabajos sobre dos libros por semana. Ella marcaba los trabajos como bien hechos sin nunca dejarles saber que ella no los sabía leer. Incluso cuando maestros pesimistas

---

1 Ben Carson M.D. y Cecil Murphey, *Manos prodigiosas: La historia de Ben Carson* (Editorial Vida).

daban otras razones para dudar de las perspectivas de un futuro brillante para sus hijos, Sonya continuaba diciendo: "Tengo dos chicos listos. ¡Dos muchachos muy listos!".

No es de extrañar que sus palabras llegaran a ocurrir. Curtis continuó con excelencia académica y se convirtió en ingeniero mecánico. Ben se graduó de Yale, obtuvo su título médico en la Universidad de Michigan y se convirtió en uno de los más renombrados neurocirujanos del mundo. Él es más conocido por dirigir el equipo de cirugía que tuvo éxito en una de las operaciones más innovadoras jamás intentada: la separación de gemelas siamesas unidas por la cabeza.

Mantenga sus alas abiertas

¿Cómo pudo una madre que comenzó en tan trágicas circunstancias llegar a tal triunfo? Hay una única explicación. Ella dejó de preguntarse: "¿Por qué, Dios? ¿Por qué?", y decidió creer que Dios haría que todas las cosas fueran para su bien. Ella dejó de intentar arrastrar la carga de sus circunstancias por ella misma y se unió a Jesús con un yugo. Ella decidió hacer lo que Isaías 40 dice y *confió en Dios*.

Cuando digo que ella confió en Dios, claramente no me estoy refiriendo a que se sentó y no hizo nada. Eso no es lo que significa confiar en el Señor. Significa mirarle a Él en fe y expectación. Significa creer en su

Palabra y descansar en su fidelidad, aún cuando los vientos de la adversidad estén rodeándola.

Isaías lo compara a lo que hace un águila cuando encuentra una tormenta. En lugar de agotarse luchando contra los vientos, abre y bloquea sus alas abiertas y deja que las corrientes la eleven cada vez más alto hasta que alcanza una altitud en la que la tormenta queda por debajo; y entonces descansa y vuela en paz.

Como madres, podemos hacer lo mismo. Cuando las turbulencias nos agotan y amenazan a nuestra familia, podemos mantener nuestras alas abiertas arriba con las promesas de Dios. Promesas como...

> *Crean que ya han recibido todo lo que estén pidiendo en oración, y lo obtendrán.*
>
> Marcos 11:24

> *El Señor mismo instruirá a todos tus hijos, y grande será su bienestar.*
>
> Isaías 54:13

> *Qué felices son los que temen al Señor y se deleitan en obedecer sus mandatos. Sus hijos tendrán éxito en todas partes; toda una generación de justos será bendecida.*
>
> Salmo 112:1-2, NTV

> *Nunca he visto abandonado al justo ni a sus hijos mendigando pan.*
>
> Salmo 37:25, NTV

*En el temor del Señor está la fuerte confianza; y
esperanza tendrán sus hijos.*
                                     Proverbios 14:26, RVR-60

*Camina en su integridad el justo; sus hijos son di-
chosos después de él.*
                                     Proverbios 20:7

*Ya que has puesto al Señor por tu refugio, al
Altísimo por tu protección, ningún mal habrá
de sobrevenirte, ninguna calamidad llegará a tu
hogar.*
                                     Salmo 91:9-10

*Pero el amor del Señor es eterno y siempre está
con los que le temen; su justicia está con los hijos
de sus hijos.*
                                     Salmo 103:17

No quiero espiritualizar en exceso. Hay épocas
para todas las mamás en las que estamos cansadas
físicamente y lo que más necesitamos es ayuda natural. Necesitamos a alguien más para sacar la basura, o lavar los platos, o clasificar la colada. Cuando
necesite ese tipo de ayuda, pídala. Deje que sus hijos
echen una mano. Quizá no hagan las cosas como
usted las haría, pero es mejor tener ayuda imperfecta
que no tenerla en absoluto.

Por otro lado, cuando no es sólo su cuerpo sino su
alma la que está agotada, tómese un descanso espiritual. Pase unos minutos de vacaciones con Jesús. Tome
su Biblia y pase los minutos que pueda accediendo al
Trono de la Gracia. Abra sus alas espirituales hacia

arriba con las promesas de Dios y remonte hacia Él con alas de águila.

Descanse y vuele alto.

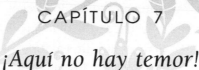

CAPÍTULO 7

¡Aquí no hay temor!

Si me preguntaran cuál es la clave más importante para la longevidad, habría que decir que es evitar la preocupación...Y si no me lo preguntaran, aun así tendría que decirlo.

—George Burns

De todas las mentiras que el diablo ha vendido con éxito a las madres cristianas a lo largo de los años, una de las más peligrosas es esta: *Todas las mamás se preocupan por sus hijos.*

Esa mentira es un hecho indiscutible en la mente de muchas madres. Aceptan la preocupación no sólo como una parte inevitable de tener hijos, sino casi como una virtud. Lea unos cuantos artículos y poemas sobre la maternidad y rápidamente verá por qué. Muchas incluso ensalzan la idea de que el amor de madre produce un constante estado de ansiedad. Como un poema, escrito en alabanza a la madre eternamente preocupada, dice:

"La preocupación de una madre nunca cesa. Sólo evoluciona y crece, y comienza de nuevo".

Por favor, no se crea esto. No está en la Biblia. Por el contrario, la Biblia nos dice 365 veces: *¡No temas!* Eso es una vez por cada día del año. Y en ningún lugar en las Escrituras hay una nota a pie de página donde diga: *En el caso de las madres, este mandamiento no aplica.*

Como mamás, sin embargo, a menudo actuamos como si tales notas a pie de página abundaran. Pensamos: *"Bien, Dios sabe que como padres nos importan tanto nuestros hijos que no podemos evitar temer por ellos. Así que cuando nos preocupamos, Él lo entiende.*

Jesús nunca nos dijo que nos preocupáramos, ni tampoco lo aprueba. Un padre que puede confirmar esto es Jairo. Él acudió a pedir ayuda a Jesús cuando estaba en medio de una de las peores crisis que un padre puede afrontar: su pequeña se estaba muriendo. Su estado era tan crítico, y él estaba tan desesperado por buscar ayuda, que se arrojó a los pies de Jesús y le suplicó fervientemente diciendo: *"Mi hija está agonizando; ven y pon las manos sobre ella para que sea salva, y vivirá"* (Marcos 5:23, RVR-60).

Si ha leído la historia, sabe lo que ocurrió a continuación. Jesús respondió a las palabras de fe de Jairo y se dirigió inmediatamente a su casa. Pero antes de llegar allí, se encontraron con una interrupción inesperada. Una mujer que había estado enferma durante doce años se las arregló para llegar a través de la multitud hasta Jesús, tocó el borde de su manto y fue sanada al instante.

Al momento también Jesús se dio cuenta de que de él había salido poder, así que se volvió hacia la gente y preguntó: ¿Quién me ha tocado la ropa? Ves que te apretuja la gente ,le contestaron sus discípulos, y aun así preguntas: "¿Quién me ha tocado?" Pero Jesús seguía mirando a su alrededor para ver quién lo había hecho. La mujer, sabiendo lo que le había sucedido...arrojándose a sus pies, le confesó toda la verdad.

vv. 30–33

La Biblia no dice cuánto tiempo le llevó a esta mujer decirle a Jesús "toda la verdad". Pero si era como la mayoría de las mujeres que conozco, le tomaría un buen rato describir doce años de enfermedad. Mientras tanto, Jairo estaba allí parado pensando: *"Señora, ¡mi hija está a punto de morir! ¡Cada segundo cuenta! Por favor...por favor.... ¡dese prisa!".*

A pesar del retraso, Jairo aparentemente se las arregló para aferrarse a su fe...hasta que las cosas empeoraron. Algunas personas llegaron corriendo de su casa y le dijeron: *"Tu hija ha muerto. ¿Para qué sigues molestando al Maestro?"*(v. 35). Hablando de tener una excusa para preocuparse, ¡Jairo la tenía! Acababa de recibir las peores noticias posibles. Pero Jesús, escuchando el reporte, dijo sin incertidumbre...

No temas, cree solamente.

(v. 36, RVR-60)

¿Por qué le dio Jesús a Jairo esas instrucciones aparentemente no realistas? ¿Por qué era tan importante para Él que Jairo rehusara tener temor en ese momento crucial de su vida?

Porque Jesús sabía lo que la mayoría de las personas (incluso la mayoría de los cristianos) no saben: que así como la fe nos conecta al plan de Dios para nuestras vidas, el temor puede desconectarnos de él y conectarnos al plan del diablo.

Job 3:25 dice: *Lo que más temía, me sobrevino; lo que más me asustaba, me sucedió.* Jesús no quería que esto le sucediera a Jairo. Él no quería que la puerta que había abierto la fe de Jairo para que Él obrara un milagro en la vida de su hija, fuera cerrada de un portazo por el temor.

Ese es el giro que la historia estaba a punto de dar. Pero gracias a la fe de Jairo y al poder de Jesús, ¡las cosas no ocurrieron así! La hija de Jairo fue sanada porque su padre decidió elegir la fe en lugar del miedo. Él demostró que incluso cuando las emociones de los padres gritan, podemos elegir obedecer a Jesús. ¡Podemos mantener abierta la puerta a lo mejor de Dios para nuestros hijos decidiendo creer y no temer!

No beba el veneno

Antes de que se alarme demasiado por el poder del temor, y añada el temor a la lista de cosas por las que preocuparse, déjeme que le asegure que la Biblia no enseña que el más mínimo temor que haya tenido nunca sobre sus hijos se vaya a hacer realidad. Eso no es verdad. Aunque el diablo trabaja a través del temor

como Dios trabaja a través de la fe, el diablo no es, ni
por lo más remoto, tan poderoso como Dios. Por eso
sólo pudo traerle a Job lo que él temía "tanto".

Aunque las pequeñas preocupaciones no son
grandes temores, esas preocupaciones pequeñas abren
la puerta al temor en su vida. Probablemente ya sabe
esto por experiencia, pero déjeme sólo recordarle algunos de los efectos que la preocupación puede tener
sobre su vida. Puede:

- Mantenerle preocupada por el mañana y robar
  el gozo hoy.

- Absorber su entusiasmo por la vida y oscurecer
  sus días con... *pensamientos de ansiedad y pre-
  sentimientos* (Proverbios 15:15).

- Hacerle perder su tiempo. (¿Alguna vez le ha
  ayudado el temor para algo? ¡No!) "*¿Quién de
  ustedes, por mucho que se preocupe, puede añadir
  una sola hora al curso de su vida?* (Mateo 6:27).

- Hacerla enfermar. (¡Los doctores nos dicen que
  al menos 51 enfermedades pueden estar directamente relacionadas con la preocupación y el
  estrés!).

- Torturarla mental y emocionalmente. (¡La
  preocupación puede ser definida como atormentarse a sí mismo con pensamientos perturbadores!).

Además de todo eso, la preocupación es desobe-
decer el mandamiento de Dios. Hacerlo es pecado.

Así que obviamente, para ser una madre segura de
sí misma, ¡debe romper el hábito de la preocupación!

Puede estar pensando: *"Pero algunas de las preocupaciones que tengo sobre mis hijos son muy reales. No
puedo simplemente ignorarlas.*

Por supuesto que no puede. Pero lo que sí puede
hacer es seguir las instrucciones de Filipenses 4:6-8:

> *No se inquieten por nada; más bien, en toda oca-
> sión, con oración y ruego, presenten sus peticiones
> a Dios y denle gracias. Y la paz de Dios... que
> sobrepasa todo entendimiento, cuidará sus co-
> razones y sus pensamientos en Cristo Jesús. Por
> último, hermanos... consideren bien todo lo ver-
> dadero... todo lo amable, todo lo digno de admi-
> ración, en fin, todo lo que sea excelente o merezca
> elogio.*

¿Ha observado la última frase? Dice que podemos
fijar nuestra mente en la Palabra de Dios en vez de
hacerlo en nuestras preocupaciones. Podemos ensayar
mentalmente y confesar continuamente las promesas
de Dios sobre nuestra vida y las vidas de nuestros
hijos. ¡Eso es la meditación! A menudo hay personas
que me dicen que no saben meditar en la Palabra,
pero están equivocados. Todos sabemos meditar en
la Palabra de Dios, ¡porque lo hemos hecho al revés!
Hemos escuchado a la preocupación y a la ansiedad
y hemos meditado en ellas hasta que nos las hemos
creído, les hemos hablado y hemos actuado con base
en ellas.

Yo hice eso durante años sin ni siquiera darme cuenta. Antes de comenzar a estudiar la Palabra, nunca se me ocurrió que el enemigo podía estar detrás de mis pensamientos negativos. Suponía que yo misma los inventaba, así que nada más pensaba en lo que se me venía a la mente. Si se me ocurría que debía estar preocupada por algo, yo nada más pensaba: *¡Sí, esa situación puede acabar muy mal! De hecho, podría arruinar mi vida entera!* Y ahí iba yo en una tangente mental. Por aquel entonces, yo no me daba cuenta de que el diablo tiene poder de sugestión, que él envía pensamientos como ráfagas a nuestra mente para que los aceptemos y meditemos en ellos.

Sin embargo, finalmente, estudiando la Palabra ¡encontré una pista! Comprendí que los pensamientos de temor son como el veneno del diablo. Siempre nos los va ofrecer, pero sólo porque los ofrezca no significa que lo tengamos que beber. En cambio, podemos hacer lo que 2 Timoteo 2:23 nos dice que hagamos: *No tengas nada que ver con discusiones necias y sin sentido.* Podemos decir: "¡No! No voy a preocuparme. Decido meditar en la Palabra de Dios y creer sus promesas".

De hecho, permítame que lo diga con un poco más de fuerza. No sólo *podemos* decir cosas así, *debemos* decirlas. ¿Por qué? Porque es imposible pensar una cosa y decir otra al mismo tiempo. Por tanto, la mejor forma de librarse de los pensamientos de preocupación es abrir nuestra boca y declarar la Palabra.

"¡Pero me sentiré estúpida hablando conmigo misma!".

Sí, al principio seguramente sí. Yo lo sentí, pero decidí que prefería *sentirme* un poco tonta que vivir en derrota y desesperanza. Así que dejé mi orgullo a un lado y comencé a declarar en voz alta la Palabra de Dios sobre mi vida varias veces al día.

Algunas veces he tenido incluso que hablarme a mí misma sobre no preocuparme mientras me preparaba para salir y predicar, para colmo, ¡sobre no preocuparse! Recuerdo una vez en particular cuando algo me estaba molestando de verdad. Y por alguna razón, empecé a sentirme ansiosa y triste. En el momento en que me di cuenta, abrí mi boca y actué según Filipenses 4:6. Dije: "Señor, no hay nada en absoluto que pueda hacer sobre esta situación. Así que lo pongo en tus manos ahora mismo. Te pido que tú te encargues de ello, y te lo agradezco de antemano por hacerlo". Después canté canciones de alabanza…hasta que pude salir al escenario sin preocupación.

Hágalo por fe y sus sentimientos la alcanzarán

La mayoría de los temores que las mamás tienen que conquistar en los días normales son relativamente poco importantes. Incluyen cosas como entrenamiento para quitar el pañal, rabietas, malas notas en la escuela y la pubertad. Sin embargo, cuando tenemos que tratar problemas mayores, es importante que recordemos que las mismas declaraciones de fe que usamos para derrotar la más pequeña de las preocupaciones, puede ser usada para cortar la cabeza de preocupaciones gigantes también.

David demostró esto en su batalla contra Goliat.

Esa batalla, aunque la mayoría de la gente no se da cuenta, fue primordialmente una guerra de palabras. Goliat la empezó diciendo cosas para aterrorizar primero a todo el ejército de Israel, y finalmente a David. Cosas como: "Ven a mí y daré tu carne a los pájaros del cielo y a las bestias del campo". (¿No suena eso intimidante?).

Las palabras de Goliat pusieron a todos a temblar en sus sandalias, pero David rehusó tener miedo. En cambio, levantó su voz y devolvió el golpe:

> *Tú vienes contra mí con espada, lanza y jabalina, pero yo vengo a ti en el nombre del Señor Todopoderoso, el Dios de los ejércitos de Israel, a los que has desafiado. Hoy mismo el Señor te entregará en mis manos; y yo te mataré y te cortaré la cabeza. Hoy mismo echaré los cadáveres del ejército filisteo a las aves del cielo y a las fieras del campo, y todo el mundo sabrá que hay un Dios en Israel. Todos los que están aquí reconocerán que el Señor salva sin necesidad de espada ni de lanza. La batalla es del Señor, y él los entregará a ustedes en nuestras manos.*
>
> 1 Samuel 17:44–47

El diablo odia esa forma de hablar. Tanto si viene de un joven pastor israelita o de una madre cristiana, él odia cuando los creyentes comienzan verbalmente a dar golpes con la "espada del espíritu", que es la Palabra de Dios. Y considerando cómo terminó Goliat, es fácil entender por qué.

Incluso una frase llena de fe puede completamente abortar uno de los planes malvados del diablo.

Una mamá de la que he oído demostró eso de una manera dramática. Hace algunos años, el día de Navidad su hija de once años cayó enferma con un tipo de meningitis que amenazaba su vida. Ella y su esposo llevaron rápidamente a su hija al hospital, y allí los doctores les informaron que se había producido un brote epidémico de la enfermedad. Varios niños ya habían muerto. "El caso de su hija es el peor que hemos visto hasta ahora", dijo el doctor.

Para esta madre, ese era su momento Jairo. Pero ella estaba preparada.

Al haber crecido como una hija de ministro en una familia de fuerte fe, ella sabía que la sanidad había sido comprada para ella y sus hijos a través del plan redentor de Dios. Ella sabía y creía que *gracias a sus heridas fuimos sanados* (Isaías 53:5). Así que cuando su hermana, que era otra mamá que creía en la Biblia, entró por la puerta de las urgencias del hospital, aprovechó la oportunidad para hacer su declaración. Ella apretó los dientes contra las emociones que la asaltaban, miró a su hermana a los ojos, y le dijo:

" ¡YO...NO...TEMERÉ!".

Observe que ella no dijo que no *sentía* temor. De hecho, ella no dijo nada en absoluto sobre cómo se sentía porque las emociones no tienen que dictar nuestras decisiones.

Sólo porque sintamos *temor* no significa que tengamos que *tener* temor. Podemos tomar nuestra posición por la fe en la Palabra de Dios y rechazar el temor rehusando confesarlo o actuar en base a él. Si lo hacemos, nuestros sentimientos finalmente seguirán a nuestra decisión.

> *Sólo porque sintamos temor no significa que tengamos que tener temor.*

No sé cuánto tiempo necesitaron los sentimientos de esta madre alcanzar a su decisión; quizá ocurrió en los minutos siguientes, o quizá ella tuvo que ignorar las emociones durante todo el tiempo que ella y su familia continuaron orando por la situación y declarando la Palabra de Dios. Pero de una manera o de otra, estoy segura de que sus emociones se sintieron bien al día siguiente porque su hija, que no había sido capaz de hablar durante horas, se sentó en la cama y le gritó a su abuelo que estaba en pie al lado de la cama del hospital declarando la Palabra de Dios:

"Pa-pa, ¡soy sanada en el nombre de Jesús!".

¿No es eso sorprendente? ¡Esa niña, tan joven y a pesar de lo enferma que estaba, siguió perfectamente el ejemplo de su madre! No el ejemplo que se había establecido unas horas antes en la sala de espera de urgencias (la hija no había estado allí para verlo), sino el ejemplo que ella había visto durante toda su vida al observar a su madre elegir la fe en lugar del temor.

Ya he dicho esto, pero lo diré otra vez: Cualquier

cosa que usted haga regularmente es lo que sus hijos aprenderán a hacer.

> *Cualquier cosa que usted haga regularmente es lo que sus hijos aprenderán a hacer.*

Si cede usted constantemente a la preocupación, tenderá a atormentarse a sí misma con pensamientos perturbadores.

Si decide creer y proclamar la Palabra de Dios y sentar un ejemplo sin temor, ellos probablemente disfrutarán la vida, blandirán espadas de fe y ganarán batallas.

Eso es lo que ocurrió en esta situación. Las primeras palabras de fe de la madre fueron como la primera piedra que tumbó a Goliat. Las palabras de la hija fueron la espada que cortó su cabeza. Una vez dichas, ella inmediatamente empezó a mejorar. La victoria estaba ganada.

¡Sí, usted puede!

Si usted ha sido una aprensiva empedernida durante años, puede que se esté preguntando si será capaz alguna vez de dejar de serlo. Quizá no está segura de que sea incluso posible para usted decir, como la mamá de la historia dijo: "¡No temeré!".

Pero le aseguro que lo es.

¿Cómo puedo estar tan segura? Porque Dios nunca nos diría que hiciésemos algo que no podemos hacer.

De modo que el simple hecho de que, en la Biblia, Él nos enseñe a no temer y a no preocuparnos demuestra que Él nos ha dado el poder para hacerlo.

Y lo que es más, 1 Juan 4:17 nos dice que como Jesús es, así somos nosotros en este mundo. Eso significa que no tenemos que esperar hasta que muramos y vayamos al cielo para ser como Él. Podemos vivir como Él aquí y ahora. Deje que le pregunte: ¿Cree que Jesús tiene miedo ahora mismo? ¿Cree que Él se está frotando las manos y preocupándose por lo oscuro y peligroso que este mundo se ha vuelto? ¿Cree que Él está preocupado por si podrá o no manejarlo?

¡Por supuesto que no!

Jesús no está preocupado; Él está lleno de paz. Y si Él tiene paz, nosotros podemos tener paz. Como Él dijo en Juan 14:27 (NTV):

Les dejo un regalo: paz en la mente y en el corazón. Y la paz que yo doy es un regalo que el mundo no puede dar. Así que no se angustien ni tengan miedo.

La paz de Jesús mismo está disponible para usted las 24 horas del día. Así que tome la decisión que tomó Jairo y recuerde: *Pongan todas sus preocupaciones y ansiedades en las manos de Dios, porque él cuida de ustedes* (1 Pedro 5:7, NTV).

No tema. Sólo crea.

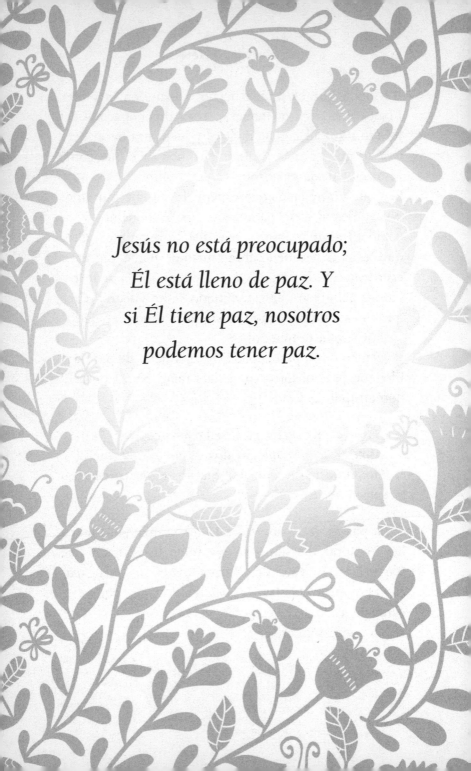

Jesús no está preocupado;
Él está lleno de paz. Y
si Él tiene paz, nosotros
podemos tener paz.

CAPÍTULO 8

¿Puede alguien ayudarme, por favor?

Criar a una familia sería mucho más fácil si Dios les hubiera dado a las mamás una estrategia universal para criar hijos. Haría la maternidad mucho más práctica: nunca tendríamos que pensar dos veces nuestras decisiones como padres. Nunca tendríamos que quedarnos despiertos en la cama por la noche preguntándonos si somos demasiado estrictos o demasiado indulgentes. Nunca tendríamos momentos en que quisiéramos tirarnos de los pelos porque *¡Sencillamente no entiendo a este niño!*

En cambio, podríamos simplemente comprar un manual, seguir las instrucciones paso a paso y, ¡presto! Mágicamente todo saldría exactamente como Dios quería hacerlo.

¡Uy, qué fácil sería eso!

Desgraciadamente, esa no es la manera en que funcionan las cosas. Aunque Dios ha dado a las madres guías generales y verdades inmutables en las Escrituras que pueden encaminarnos a todas en la dirección correcta, cada niño es único y especial, y necesita cuidado y entrenamiento especializado. Cada uno tiene una combinación exclusiva de personalidad, talentos y tendencias. Cada uno debe navegar por una combinación diferente de circunstancias. Y cada uno tiene su propio llamado ordenado por Dios. Como madres, debemos tomar esas cosas en cuenta y educar a cada uno de nuestros hijos de una manera que les ayude a convertirse en la persona que Dios quiere que sean.

Hablamos de una aparentemente ¡*Misión Imposible!* No es de extrañar que tantas madres caminen con esta súplica que se eleva desde sus corazones: *¿Puede alguien ayudarme, por favor?*

> *A lo largo de la Biblia, Él demostró una y otra vez que cuando las madres necesitan un plan único para un niño único en una situación única, Dios puede ayudar como nadie más puede hacerlo.*
>
>

Esa es una pregunta que las mamás se han estado haciendo de una manera u otra durante miles de años. Y es una pregunta que Dios ha contestado. A lo largo de la Biblia, Él demostró una y otra vez que cuando las madres necesitan un plan único para un niño único en una situación única, Dios puede ayudar como nadie más puede hacerlo.

Veamos, por ejemplo, el plan de desarrollo del niño que Él propuso para Jocabed. Ella era la madre de Moisés y, como probablemente recuerde, ella se enfrentó a una tremendamente extraña y estresante situación. Su bebé varón estaba destinado divinamente a la grandeza. Él estaba señalado por Dios para ser un libertador de una nación y alguien que cambiaría el mundo. Pero como hebreo varón nacido en Egipto, nació enfrentándose a una sentencia de muerte. De acuerdo al edicto de Faraón, ¡cualquiera que le viera estaba obligado legalmente a matarle en ese mismo momento!

La misión de Jocabed era mantener vivo a su hijo…y no había nadie en la tierra que pudiera decirle cómo hacerlo. Ninguna amiga a quién preguntar. Ningún libro que pudiera leer. Ningún teléfono al que pudiera llamar.

Por tanto, ¿qué fue lo que hizo?

Durante los tres primeros meses de la vida de su bebé, ella le ocultó del mundo y reflexionó sobre su dilema. Como descendiente de Abraham, ella también debió de haber pedido ayuda a Dios. A medida que lo hacía, un plan comenzó a surgir en su mente, un plan que nunca antes se había implementado y nunca más se implementará.

Cuando ya no pudo ocultarlo más, tomó una canasta de juncos de papiro y la recubrió con brea y resina para hacerla resistente al agua. Después puso al niño en la canasta y la acomodó entre los juncos, a la orilla del río Nilo. La hermana del

bebé se mantuvo a cierta distancia para ver qué le
pasaría al niño.

Éxodo 2:3–4, NTV

Para la mayoría de nosotras, la idea del bebé Moisés flotando en una cesta trae recuerdos de las lecciones de la escuela dominical y de figuras de fieltro en el franelógrafo. Pero para Jocabed, aquello no era ninguna historia bíblica. Era su vida. ¡Era su bebé! Y ella no estaba simplemente paseándole por una piscina en una barquita hinchable con manguitos de flotación en sus brazos.

Estaba embarcándole en los peligros del Nilo. Estaba dejando a su pequeño indefenso a la deriva, solo, en aguas dónde hipopótamos se revolcaban en una orilla y la hija del Faraón se bañaba en la otra, sin tener idea de cuál de las dos opciones podría ser más mortífera.

¿Se imagina a Jocabed intentando explicar esta estrategia de supervivencia a las otras madres de su vecindario? Tuvo que sonar absurdo. "¡No estás hablando en serio!", le habrían dicho. "¿Por qué no dejaste simplemente que el pobre pequeño muriera rápidamente a manos de los soldados de Faraón? ¿No hubiera sido más compasivo eso que dejarle allí expuesto a ahogarse o a ser devorado por algún animal salvaje?".

Afortunadamente, Jocabed nunca tuvo que afrontar tales consecuencias. Su plan, porque era el plan de Dios, tuvo éxito antes de que nadie se enterase. No sólo sobrevivió su hijito, sino que también tuvo la oportunidad de crecer en la corte de Faraón. Educado y rodeado por lo mejor de Egipto, recibió el entrenamiento necesario para cumplir el futuro que Dios tenía en mente para él.

Lo mejor de todo, al menos desde la perspectiva de Jocabed, era esto: ella pudo estar con él en palacio y ser su niñera... y la *Misión Imposible* se convirtió en *¡Misión Cumplida!*

El Espíritu Santo: su mayor ayudante

"¡Pero era la madre de *Moisés!*", podría decir usted. "Ella es una celebridad de la Biblia. Yo soy una mamá normal. No puedo esperar que Dios me ayude de la manera en que la ayudó a ella".

¿Por qué no? Jesús dijo que el menor de nosotros que haya nacido de nuevo en el reino de Dios es mayor que el mayor de los profetas del Antiguo Testamento que jamás haya existido (véase Mateo 11:11) De modo que lo que Dios hizo por Jocabed, o por cualquier otra madre de la Biblia, Él lo hará por usted.

Él también puede hacerlo de modo diferente a como lo hizo por otras madres en el Antiguo Testamento. Como usted es una creyente del Nuevo Testamento y ha nacido de nuevo, no necesita que se le aparezca un ángel del cielo y le dé un mensaje. No necesita oír una voz gritando instrucciones desde el cielo. No necesita ver una inscripción en la pared. Tiene al Espíritu Santo viviendo en su interior para dirigirle, guiarle y hablarle todo el tiempo.

El Espíritu Santo es el mayor Ayudador que usted, como mamá, ¡podría tener jamás!

Él no sólo entiende la personalidad y los talentos de su hijo, Él también sabe lo que Dios les ha llamado a ser y hacer. Él sabe qué clase de aliento necesitan y a qué estilo de disciplina responderán. Él puede alertarle cuando ellos se dirijan hacia los problemas y mostrarle cómo manejarlo. Cuando usted cometa errores, Él puede mostrarle cómo resolver todo otra vez. El Espíritu de Dios le dirá todo lo que necesita usted saber. Él le dará divina sabiduría para cada situación que afronte, 24 horas al día, 7 días a la semana.

Sabemos que esto es cierto porque Jesús nos dijo que así era. Jesús prometió que después de que Él fuera crucificado y resucitado, el Espíritu Santo vendría y permanecería con nosotros para siempre. *No los voy a dejar huérfanos*, dijo Él. *Pero el Consolador, el Espíritu Santo, a quien el Padre enviará en mi nombre, Él:*

- Les enseñará todas las cosas.
- Les hará recordar todo lo que les he dicho.
- Estará en comunión cercana con ustedes.
- Los guiará a toda la verdad. (Juan 14:18, 26; 16:7, 13).

Claramente, si Jesús dijo que el Espíritu Santo haría todas esas cosas por nosotros, ¡Él lo hará!

Entonces ¿por qué a menudo parece que tantos creyentes van vagando por ahí ellos solos? ¿Por qué no nos beneficiamos más del ministerio de este Ayudador que se nos ha dado?

Por lo general, se debe a que corremos a otras personas a buscar respuestas en lugar de acudir a Dios. Es extraño hacer eso, dado que otras personas saben muy poco y el Señor sabe todo, pero tendemos a hacerlo de todos modos por una razón primordial: no confiamos en que verdaderamente podemos escuchar la voz del Señor y discernir su dirección, o en algunos casos ni siquiera sabemos que hacer eso es una opción.

¡Este es un problema importante para muchos cristianos! Pero si usted está entre los que luchan con eso, hay una solución. Puede reforzar su confianza en su conexión divina con el Espíritu Santo enfocándose en lo que la Biblia dice en versículos como los siguientes:

Mis ovejas oyen mi voz; yo las conozco y ellas me siguen (Juan 10:27). Por tanto, puedo discernir la guía del Señor. ¡Puedo seguirle!

El Espíritu de verdad, a quien el mundo no puede aceptar porque no lo ve ni lo conoce. Pero ustedes sí lo conocen, porque vive con ustedes y estará en ustedes (Juan 14:17). Puedo saber y reconocer al Espíritu de Dios, ¡porque Él vive en mí!

Pues todos los que son guiados por el Espíritu de Dios son hijos de Dios (véase Romanos 8:14, NTV).

Yo soy hija de Dios, por tanto, ¡soy guiada por el Espíritu!

Pues el Espíritu les enseña todo lo que necesitan saber, y lo que él enseña es verdad, no mentira. Así que, tal como él les ha enseñado, permanezcan en comunión con Cristo (véase 1 Juan 2:27, NTV). ¡El Espíritu Santo me enseñará lo que es verdad!

Conforme medite en tales escrituras y haga confesiones de fe, crecerá en su relación con su Ayudador divino. Desarrollará más fe en el hecho de que, como creyente, está perfectamente equipada con todo lo que necesita oír de parte de Él, y después responder en obediencia a sus instrucciones.

No olvide pedir

Otra clave para obtener la sabiduría que Dios tiene para ofrecerle a usted y a sus hijos es esta: recuerde pedirle por ello, esperando que Él responda. A veces, en lo ocupado de la vida, olvidamos hacer esto. Y sin embargo, es tan importante que la Biblia repetidamente nos anima:

Si a alguno de ustedes le falta sabiduría, pídasela a Dios, y él se la dará, pues Dios da a todos generosamente sin menospreciar a nadie. Pero que pida con fe, sin dudar, porque quien duda es como las olas

*del mar, agitadas y llevadas de un lado a otro por
el viento.*

Santiago 1:5-6

*Pidan, y se les dará; busquen, y encontrarán;
llamen, y se les abrirá la puerta...Pues si ustedes,
aun siendo malos, saben dar cosas buenas a sus
hijos, ¡cuánto más el Padre celestial dará el Espíritu
Santo a quienes se lo pidan!*

Lucas 11:9, 13

*...si llamas a la inteligencia y pides discerni-
miento; si la buscas como a la plata, como a un
tesoro escondido, entonces comprenderás el temor
del Señor y hallarás el conocimiento de Dios.*

Proverbios 2:3-5

¿Qué tan sencillo es eso? ¡Sólo pida sabiduría y
confíe en que Dios se la dará! Si no oye de parte de
Él en el mismo instante en que ora, siga creyéndole
a Él y mirando dentro de su corazón para ver lo que
Dios le está mostrando. La respuesta siempre llegará.

Por supuesto, una vez que llega, para disfrutar de
sus beneficios tiene que "abrazarla" (véase Proverbios
4:8). Eso no siempre es fácil de hacer porque a veces
la sabiduría de Dios requiere que usted salga de su
zona cómoda. Aunque nunca tendrá que aventurarse
tan lejos como lo hizo Jocabed, como madre cristiana, ser guiada por el Espíritu Santo puede retarle
a tomar decisiones por sus hijos que otros pueden no
entender o quizá incluso criticar.

Recuerdo una vez en particular cuando eso fue

verdad para mí. Fue hace tiempo, cuando nuestro hijo Danny estaba en la escuela. Casi desde que nació, yo había planeado que él asistiera a una escuela cristiana. Mi hija había ido a cierta escuela cristiana durante años y había ido muy bien, así que cuando Danny fue lo suficientemente mayor, comenzó a ir allí también. Eso era lo que yo suponía que sería lo mejor.

Él acabó en una clase en la que algunos de los otros alumnos empezaron a meterse con él. Su trabajo en la escuela sufrió, y empezó a quedarse atrás académicamente. Los maestros siguieron pasándole de grado de todos modos, pero él estaba pasándolo tan mal que supimos que teníamos que hacer un cambio. Incluso contratamos tutores para ayudarle e hicimos todo lo que se nos ocurrió, pero nada funcionaba. El sistema de esa escuela en particular era bastante estricto, y su personalidad se resistía mucho a las interminables normas y reglas. Continuamente se estaba metiendo en problemas, y eso sólo servía para hacer que él temiera hasta el pensamiento de ir a la escuela.

Como puede imaginar, yo busqué a Dios para que nos diera sabiduría en cuanto a la situación. Después de orar por ello durante un tiempo, Él me dio a respuesta. No era la que yo quería oír. Él nos guió a Dave y a mí a cambiar a nuestro hijo a la escuela pública que había enfrente de nuestra casa al otro lado de la calle.

Esa no hubiera sido mi elección, pero era lo que Dios nos estaba guiando a hacer. Sólo puedo decir que no era *mi* plan, así que me tomó un tiempo abrazar esta idea por un par de razones. Primero, era contrario a mi propias opiniones. Segundo, me preocupaba lo que mi pastor y otras personas pudieran pensar de mí. Finalmente, sin embargo, decidí obedecer la guía del Espíritu Santo y matriculamos a Danny en la escuela pública. La escuela tenía algunas ideas novedosas sobre la educación que incluían el no esperar que todos los niños aprendan igual, y eso era exactamente lo que se necesitaba en nuestra situación. Nuestro hijo era y es bastante inteligente, pero aprendió mucho más rápido con un enfoque "manos a la obra" que sólo a través de los libros.

El primer día que le llevé allí, lloré. Me sentía como si de alguna manera estuviese fallando como madre cristiana. Pero sorprendentemente, él brilló allí. Sacaba buenas calificaciones. Aunque todavía tenía algunas luchas, las cosas iban al menos un 75 por ciento mejor. Finalmente regresamos a la tutoría en casa porque eso le permitía viajar con nosotros, pero mi punto es que hay veces en que el Espíritu Santo nos guiará a hacer cosas que no escogeríamos normalmente. Quizá anime a algunas de ustedes, madres, que están luchando con un niño en la escuela el saber que Dan es ahora Director de Joyce Meyer Ministries y hace un trabajo increíblemente estupendo. Confíe en mí cuando le digo que incluso un hijo que tiene dificultad, con una educación organizada puede lograr grandes cosas en la vida.

Ahora entiendo que en el área de cómo educar a nuestros hijos, como en cada área de la vida, lo mejor que como mamás podemos hacer es buscar la sabiduría del Espíritu Santo y obedecerla. Podría ser diferente a lo que pensamos, y podría ser diferente a lo que otras personas están haciendo, pero Dios tiene un plan y podemos confiar en su dirección. Después de todo, Él sabe bastante más de nuestros hijos de lo que nunca sabremos nosotras.

¡Verdaderamente, Él es el mejor Ayudador para una madre!

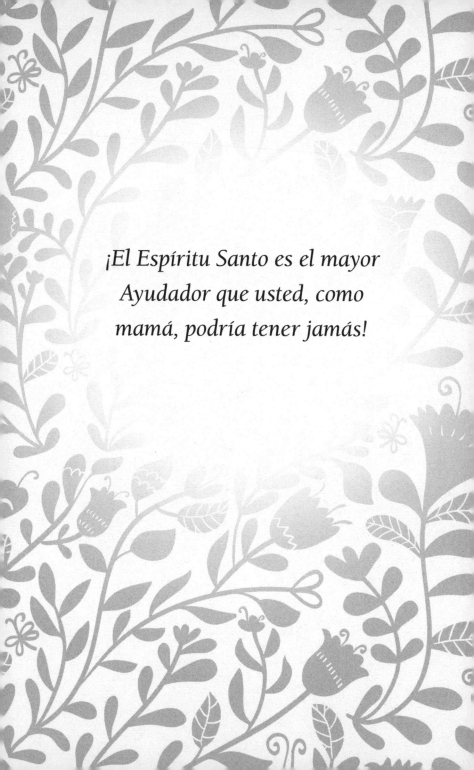

¡El Espíritu Santo es el mayor Ayudador que usted, como mamá, podría tener jamás!

CAPÍTULO 9

Enfatice lo positivo

Una vez se le preguntó a una madre frustrada si tendría hijos o no si tuviera que volver a hacerlo todo otra vez. "Sí", respondió ella. "Pero no los mismos".

Yo creo que hay momentos en que casi cada mamá se sentiría tentada a dar esa respuesta. Hay momentos para todas nosotras en que nuestros hijos, por maravillosos que sean, prueban nuestra paciencia. Lo hacen de numerosas maneras, por supuesto, pero tendría que decir que cuando mis hijos eran pequeños, no eran sus debilidades naturales lo que yo encontraba más difícil, sino sus malas actitudes.

Hay pocas cosas más molestas para nosotros como padres que hijos desagradecidos y con quejas. Después de todo, volcamos nuestras vidas en ellos. Les amamos, oramos por ellos, les alimentamos, les vestimos, les educamos y hacemos todo lo posible para bendecirles. Lo único que queremos a cambio es que sean felices y agradecidos. Así que cuando se quejan por todo lo que está mal en sus vidas y por todo lo que no tienen, entristece nuestro corazón. Como padres, ¡¡queremos ser apreciados!! No nos gusta cuando nuestros hijos tienen malas actitudes, pero ¿será posible que ellos las hayan heredado de nosotros? ¿Será posible que estemos viendo un reflejo de nuestro propio comportamiento? Como padres, deberíamos aspirar a ser un buen ejemplo para nuestros hijos en todas las cosas, y eso ciertamente incluye tener una buena actitud, positiva y agradecida. No podemos esperar que nuestros hijos no se quejen si nos oyen quejarnos.

A Dios le entristece cuando nosotros, como sus hijos, ignoramos todas las bendiciones que Él nos ha dado y nos enfocamos en cambio en las cosas con las que no estamos satisfechos. Aflige su corazón cuando nos quejamos sobre las batallas que estamos afrontando en la vida en lugar de celebrar las victorias que, por la gracia y la bondad de Dios, ¡ya hemos ganado! Por eso, en la Biblia Él dijo esto:

> *Estén siempre alegres, oren sin cesar, den gracias a Dios en toda situación, porque esta es su voluntad para ustedes en Cristo Jesús... No apaguen el Espíritu.*
>
> 1 Tesalonicenses 5:16-19

Estas son instrucciones muy claras y sencillas. Pero tanto usted como yo sabemos que a menudo somos tentadas a argumentar con respecto a ellas. "Bien, sé que no debería ser tan irritable, pero es que tengo mucho que tratar", decimos. "Mi cuenta bancaria está por los suelos y mi automóvil necesita neumáticos nuevos.

Mis hijos tienen alergias y necesitan ortodoncia. Mi jefe es un patán, mi esposo se pasa todo el fin de semana viendo fútbol en la televisión, y mi vecino tiene un perro que no para de ladrar. Seguro que Dios no espera de mí que tenga un corazón contento y agradecido, ¡en medio de todo eso!".

Sí, de hecho, Él lo espera. Porque aunque todas esas cosas pueden ser verdad, esto también lo es: por su gracia hemos sido salvados de nuestros pecados, tenemos esperanza en todas las cosas y vamos en dirección a una eternidad en el cielo. Tenemos una Biblia llena de promesas que pueden ayudarnos a conquistar cada reto que afrontamos. Tenemos un Padre celestial que nos ama sin límites, y cuya misericordia no tiene fin.

Por su bondad, tenemos aire que respirar, un corazón que late y una familia a la que amar. Y sin Él no tendríamos nada: ni cuenta bancaria de ningún tamaño, un automóvil (con o sin neumáticos), nuestro hijo o hijos, un trabajo, un esposo o electrodomésticos modernos. Ni siquiera tendríamos oídos para oír al perro ladrar.

Cuido de mi mamá y de mi tía, que están las dos en una residencia para mayores. Su salud ha decaído y su movilidad está bastante limitada. O se sientan en una silla o están tumbadas en la cama la mayor parte del tiempo. Hace algún tiempo estaba visitando a mi tía, y ella dijo: "Cariño, me encantaría tener unos duraznos de la tienda". Su petición tan sencilla me recordó qué a menudo damos por hecho las pequeñas cosas de la vida. De buena gana fui a la tienda y le compré tres duraznos, y me sentí agradecida de poder conseguir tres duraznos o cualquier otra cosa que yo quiera comer, en cualquier momento que lo quiera. Ese incidente me recordó cómo disfruto yo un café de Starbucks o un tomate de huerto del mercado de agricultores, y ese día estuve extra agradecida.

Me gustaría decir que esa es mi actitud cada día, pero hay muchos días en que es simplemente más fácil enfocarse en lo negativo. Si no paso tiempo con el Señor cada día e intencionalmente me propongo obedecerle a Él y rendirme al fruto del Espíritu, puedo empezar a ver lo que está mal en mi vida en lugar de lo que está bien. Como todo el mundo. Sencillamente por la naturaleza de la carne, requiere esfuerzo para los seres humanos ser positivos y agradecidos.

Ser gruñonas o estar malhumoradas, sin embargo, nos sale muy fácilmente.

Los "-eos" no son el problema

Los israelitas a los que Dios liberó de Egipto demostraron esto de manera importante. Eran famosos por ser los campeones del mundo de la queja. ¡Pero tenían más motivos para regocijarse que ningún otro pueblo en todo el Antiguo testamento! ¡Dios hizo cosas absolutamente increíbles por ellos! Puso de rodillas a la nación más grande del mundo para liberarles de una vida extenuante de esclavitud. Los sanó a todos. Los prosperó con plata y oro. Los salvó del ejército de Faraón, abrió el mar Rojo, y les guió a través de él por tierra seca.

Y por si eso fuera poco, Él los guió a través del desierto con la nube y fuego de su presencia de día y de noche. Los alimentó desde el cielo cuando tuvieron hambre. Y cuando tuvieron sed, hizo salir un río de una roca.

Él también prometió llevarles a una tierra que fluía leche y miel donde prosperarían y serían benditos. Pero la mayoría de ellos nunca llegaron a vivir allí porque hicieron lo mismo que a menudo hacemos nosotros hoy día. *Un día, el pueblo se quejó de sus penalidades que estaba sufriendo. Al oírlos el Señor, ardió en ira y su fuego consumió los alrededores del campamento* (Números 11:1).

¡Gracias a Dios que vivimos bajo el nuevo pacto y no el viejo! No tenemos que preocuparnos de que Dios queme nuestra casa porque nos quejamos; pero eso no significa que podamos hacerlo sin consecuencias. La ingratitud y la queja son pecado hoy día al igual que lo eran entonces. Cuando participamos en ello, abrimos la puerta al diablo y, antes de que nos demos cuenta, él hace un desastre en nuestra casa. Tiene a nuestro esposo molesto e irritable. Tiene a los niños peleando y quejándose. Todo porque hemos actuado como la Sra. Gruñona y le hemos invitado a entrar. Recuerde siempre que la gratitud mantiene al diablo alejado, ¡pero cuando nos quejamos viene para quedarse!

Podríamos pensar que después de hacer eso una o dos veces ya habríamos aprendido la lección, pero normalmente no lo hacemos. Tampoco lo hicieron los israelitas.

Sólo un par de capítulos después de ser abrasados por el fuego del Señor, volvieron a las andadas. Esta vez estaban tristes porque habían oído que había enemigos viviendo en su Tierra Prometida. Yo no sé por qué esa noticia les agarró tan fuera de juego. El Señor les había dicho que tendrían que echar a los cananeos, heteos, los amorreos, y muchos otros "eos". Él también les aseguró una y otra vez que Él les capacitaría con poder para ganar cada batalla. Pero de alguna manera lo habían olvidado. Así que...

> *Toda la comunidad israelita se puso a gritar y a llorar. En sus murmuraciones contra Moisés y Aarón, la comunidad decía: «¡Cómo quisiéramos haber muerto en Egipto! ¡Más nos valdría morir en este desierto! ¿Para qué nos ha traído el Señor a esta tierra? ¿Para morir atravesados por la espada, y que nuestras esposas y nuestros niños se conviertan en botín de guerra?».*
>
> Números 14:1-3

Como resultado de su queja, esa generación de israelitas nunca entró a la Tierra Prometida; en cambio, sus quejas y reclamaciones sobre los "eos" a los que se iban a enfrentar les privaron de lo mejor que Dios tenía para sus vidas. Es fácil ver qué importante es una actitud agradecida cuando consideramos cuántas miles de veces la Biblia nos enseña que seamos agradecidos, demos alabanza y adoremos a Dios. No es sólo algo bonito que hacer, sino que esa clase de actitud positiva y agradecida es muy poderosa.

Muchos cristianos hoy día terminan haciendo lo mismo que hicieron los israelitas. Reciben a Jesús como Salvador, pero se detienen antes de su Tierra Prometida. En lugar de disfrutar todas las bendiciones que Dios ha provisto para ellos, pasan años vagando en el desierto quejándose de sus "eos".

Sabe de lo que estoy hablando. Todos tenemos nuestros "eos". Tenemos el esposo insensible-eo, mi dolor de espalda-eo, la mala economía-eo, los niños que me vuelven loca-eo. Pero para nosotras, igual que para el pueblo de Israel, los "eos" no son realmente el problema. Ellos no son los que nos mantienen fuera de nuestra Tierra Prometida. ¡Lo que nos mantiene fuera a veces podría ser una mala actitud!

Yo puedo confirmar eso por experiencia propia porque yo solía ser la reina de las malas actitudes. Me crié en un ambiente tan negativo, que podía encontrar alguna pega a todo. Veía "eos" dondequiera que miraba. Cuando me casé con Dave, decidí que él era el mayor de todos. Así que pasé años gruñendo, quejándome y diciéndole a Dios que Dave me estaba haciendo desgraciada.

Finalmente, Dios me abrió los ojos. "Joyce, Dave no es el problema", dijo. "El problema eres *tú*". Yo necesitaba de verdad un cambio de actitud, y afortunadamente Dios me ayudó antes de que todos mis hijos hubiesen crecido, y aún tuve tiempo de influenciarles de forma positiva.

El día en que se cayó el pastel

La revelación de que yo tenía una mala actitud llegó como una conmoción, e inicialmente yo no estaba emocionada por ello. Por eso puedo identificarme si usted se está sintiendo menos que encantada ahora mismo. Este tipo de información es dura para nuestra carne. Es duro abandonar el juego de la culpa y afrontar el hecho de que somos responsables de nuestras propias actitudes. Pero si lo hacemos, abrirá la puerta a cambios maravillosos en nuestras vidas, especialmente para aquellas de nosotras que somos mamás.

Como madres, nuestras actitudes negativas no sólo entristecen al Espíritu de Dios, sino que también entristecen a nuestras familias. Como alguien dijo una vez: "La madre es como el termostato de la casa. Ella determina el clima". Cuando somos negativas y malagradecidas, nuestros hijos tienden a serlo también. Cuando somos positivas y agradecidas, ellos reflejan esas actitudes. Con el tiempo, las actitudes que nuestros hijos ven en nosotras coherentemente es probable que echen raíces en ellos y se conviertan en las suyas propias.

Eso es lo que le pasó a Debbie Morris. Esposa de ministro, que es bien conocida entre sus amigos y los miembros de su congregación por su alegre y benévolo temperamento. Como todas nosotras, ha tenido que trabajar en ello estudiando la Biblia y creciendo en el Señor, pero ella también da algo del mérito a su madre.

Ella cuenta sobre un incidente en particular en su

infancia cuando la actitud positiva de su madre dejó una impresión permanente. Fue el día en que se cayó el pastel. "Nunca lo olvidaré", dice Debbie.

(Mamá) Había pasado todo el día limpiando la casa de arriba abajo, porque teníamos invitados. Todo estaba preparado excepto el pastel. Era uno de esos de crema de queso en una base de galleta recubierto de mermelada de cereza; estaba preparado, pero necesitaba enfriarse un rato. Mientras mi hermana y yo mirábamos, y se nos hacía la boca agua, mi mamá levantó el pastel de la encimera para ponerlo en el refrigerador cuando ocurrió la tragedia. El pastel dio un vuelco y fue a parar al piso de su cocina impecablemente limpio.

Por un horrible momento, las tres lo miramos con asombro. Entonces, mi mamá buscó en el cajón de la cubertería y sacó tres cucharas. "¡A comer!", dijo con una sonrisa. Así que nos sentamos las tres e hicimos una fiesta en el piso...Es un recuerdo que siempre atesoraré con cariño. Y ocurrió porque mi madre escogió ser benévola, no gruñona.[2]

Una buena actitud no viene de tener lo mejor de todo en la vida; ¡viene de sacar lo mejor de todo en la vida! La mamá de Debbie lo corroboró ese día. Reconoció que su actitud le pertenecía a ella, y ella sola

---

2 Debbie Morris, *Una mujer de bendición* (Lake Mary, FL, Casa Creación, 2014), pp. 90-91.

escogió lo que iba a hacer con ella. De modo que eligió sabiamente, no sólo por su propio bien, sino por el de sus hijas. Al hacer eso, ella sentó un buen ejemplo para que todas nosotras podamos seguir.

> *Una buena actitud no viene de tener lo mejor de todo en la vida;*
> *¡viene de sacar lo mejor de todo en la vida!*

Por favor, escuche a mi corazón en esto; no quiero subestimar los problemas que quizá esté usted afrontando ahora. Soy consciente de que pueden ser mucho mayores y más graves que un pastel bocabajo. Pero el principio sigue siendo el mismo. En toda situación, usted puede elegir ser positiva. Puede decidir contar sus bendiciones y recordar todas las cosas que Dios ha hecho por usted.

¡Yo he leído sobre el pueblo judío que hizo eso en los campos de concentración alemanes durante la Segunda Guerra Mundial! Ellos decidieron que lo único que el enemigo no podía robarles era su buena actitud. Así que, sin importar lo que ocurriera, rehusaron abandonarla. Incluso en medio de la tragedia más inimaginable, encontraron algo por lo que estar agradecidos.

¡Qué maravilloso es que Dios nos dio la capacidad de mirar a las cosas negativas desde una perspectiva positiva! Nos capacita para convertir las pruebas de la vida en oportunidades para formar nuestro carácter y experimentar el poder de Dios de la manera más profunda. Toma lo que pensábamos que era nuestro peor enemigo y lo convierte en nuestro mejor amigo. Nos permite ver por nosotros mismos el porqué la Biblia dice:

Ahora bien, sabemos que Dios dispone todas las cosas para el bien de quienes lo aman, los que han sido llamados de acuerdo con su propósito.

Romanos 8:28

Amados hermanos, cuando tengan que enfrentar problemas, considérenlo como un tiempo para alegrarse mucho porque ustedes saben que, siempre que se pone a prueba la fe, la constancia tiene una oportunidad para desarrollarse. Así que dejen que crezca, pues una vez que su constancia se haya desarrollado plenamente, serán perfectos y completos, y no les faltará nada.

Santiago 1:1-4, NTV

Es verdad que ustedes pensaron hacerme mal, pero Dios transformó ese mal en bien para lograr lo que hoy estamos viendo: salvar la vida de mucha gente.

Génesis 50:20

Hace algunos años, me estaba preparando para predicar un mensaje en el que iba a compartir mi testimonio completo. Mientras estaba sentada tomando unas notas sobre los detalles del abuso que sufrí en mi pasado, me quedé completamente asombrada de nuevo por lo que Dios ha hecho por mí. Él ha tomado todo lo que el diablo ideó para destruirme, me liberó de ello y lo usó para motivarme hacia el ministerio.

Hoy, el dolor que experimenté en mi pasado se ha convertido en una de las mayores razones por las que predico con tanta pasión.

¡Verdaderamente Dios puede sacar lo bueno de cualquier cosa! Esa es la razón por la que podemos estar alegres de corazón continuamente y agradecerle a Él en todo sin importar cuáles sean las circunstancias.

> *¡Verdaderamente Dios puede sacar lo bueno de cualquier cosa!*

Garantizado: no es fácil de hacer algunas veces. Cuando ocurren cosas que parecen injustas, o tiempos difíciles que duran más de lo que una espera, siempre será tentada a quejarse. Pero cuando se enfrente a la tentación, recuerde esto: quejarse nunca ayuda; sólo empeora las malas situaciones y estorba el trabajo de Dios en su vida. Estar contenta de corazón y agradecida, por otro lado, hace precisamente lo contrario. Mantiene su enfoque en el Señor y abre la puerta para su victoria. No sólo hace más feliz a su familia, sino que la mantiene a usted feliz también.

Así que ¿por qué no hacerse un favor a usted misma? Cuando los pasteles de la vida toquen el piso, enfatice lo positivo. En lugar de tener un festín de autocompasión, agarre varias cucharas y empiece a celebrar la bondad de Dios. Tenga un festín de alabanza que sus hijos nunca olvidarán.

CAPÍTULO 10

Libre para avanzar

"Cuando yo era pequeño, mi madre me decía: 'Si te haces soldado, llegarás a general. Si te haces monje, llegarás a Papa'. En cambio, yo quería ser pintor, y llegué a ser Picasso".

—Pablo Picasso

Su nombre era Jabes, y la Biblia resume su vida entera en dos meros versículos.

Casi nadie había oído hablar de él hasta que hace unos años el libro *La oración de Jabes* llegó a la lista de los más vendidos. Desde entonces, se ha convertido en algo así como un héroe espiritual. Su historia ha bendecido e inspirado a personas por millones. Se han predicado sermones sobre su fe valiente. Estudios bíblicos se han enfocado en su gran visión de futuro, su oración audaz y la respuesta de Dios.

No se ha dicho mucho, sin embargo, sobre su madre.

De acuerdo a la Biblia, la mamá de Jabes no era exactamente un ejemplo de optimismo. Al contrario que otras madres que he mencionado en este libro, Mamá Jabes no parece ser muy inspiradora. Por el contrario, parece como que lidia con la negatividad.

Las Escrituras no nos dicen cómo la adquirió, pero nos dejan entrever cómo eso afectó no sólo a Jabes sino también al resto de la familia. En 1 Crónicas 4:9 dice:

> *Había un hombre llamado Jabes, quien fue más honorable que cualquiera de sus hermanos. Su madre le puso por nombre Jabes porque su nacimiento le causó mucho dolor.*

A pesar de su brevedad, este versículo revela mucho. Por una parte, se nos dice que la madre de Jabes le puso su nombre, lo cual significa que quizá era una madre soltera, aunque no sabemos eso con seguridad. (Los padres normalmente ponían el nombre a sus hijos en aquella época). También nos dice que el nombre que ella le puso se traduce literalmente *el que produce aflicción*, que significa que ella era infeliz con respecto a sus circunstancias y, al menos hasta cierto punto, culpaba a Jabes de ello. Finalmente, nos dice que sus hermanos eran deshonrosos, lo cual a menudo habla de conflicto o falta de disciplina en el hogar. Uniendo todos estos factores, tendríamos un hogar lejos del ideal. (¿Puede imaginar ser llamado "El que Produce Aflicción" toda su vida? ¡Eso sí es excusa para tener una baja autoestima!).

Aun así, choca bastante que Jabes no terminara

en prisión o con su nombre en la lista de los más buscados del país. En cambio:

> *Invocó Jabes al Dios de Israel, diciendo: ¡Oh, si me dieras bendición, y ensancharas mi territorio, y si tu mano estuviera conmigo, y me libraras de mal, para que no me dañe! Y le otorgó Dios lo que pidió.*
>
> (v. 10, RVR-60)

¿No es eso increíble? A pesar de los errores de su madre y de sus desventajas, Jabes resultó bien. Llegó a ser un hombre de fe en Dios y de oración, con riquezas, influencia y un corazón para bendecir a otros.

Él llegó a ser un ejemplo tan espectacular, que Dios incluyó su historia en la Biblia y todavía la gente está aprendiendo de él hoy día. Independientemente de cómo comencemos en la vida, podemos tener un buen final si ponemos nuestra confianza en Dios.

Confesiones de una exadicta a la culpabilidad

Como la madre de Jabes parece no tener parte en su éxito, podría usted preguntarse por qué la incluiría yo en un libro sobre cómo ser una madre segura de sí misma. Así que déjeme asegurarle rápidamente que no es porque pienso que deberíamos seguir sus pisadas. Con certeza, nunca le sugeriría que deberíamos obviar nuestras responsabilidades hacia nuestros hijos y actuar como si nuestra influencia en sus vidas no importase.

Pero esto es lo que sugeriría: ¡Ya es hora de que nos deshagamos de la carga de culpa que a menudo arrastramos y dejemos de pensar que nuestros errores van a arruinar la vida de nuestros hijos!

> ¡Ya es hora de que nos deshagamos de la carga de culpa que a menudo arrastramos y dejemos de pensar que nuestros errores van a arruinar la vida de nuestros hijos!

Ese tipo de pensamiento es un grave problema hoy día para las mamás. Las encuestas muestran que el 90 por ciento de las madres confiesan haberse sentido culpables por no *hacer* lo suficiente, *dar* lo suficiente o *ser* lo suficiente para sus hijos. Muchas mamás incluso dicen que están destruidas por la culpabilidad "todo o la mayor parte del tiempo". Según un experto, la culpa comienza para la mayoría de las madres a los pocos días de nacer sus hijos y ya nunca se va. En todo caso, sólo empeora según su hijo se hace más mayor.

¡Eso es una tragedia! Pero como una ex"adicta a la culpabilidad" yo misma, puedo identificarme.

Personalmente, yo ni siquiera esperé a ser madre para comenzar mi viaje de culpabilidad. Comenzó cuando yo era una niña. En mi niñez, arrastraba una sensación de culpa constante debido al abuso sexual que sufrí. Como los niños hacen a menudo, me culpé por ello.

Cuando crecí y empecé a caminar con el Señor, la culpa continuó siendo mi compañía constante.

Caminé durante años diciéndome a mí misma: *¡No deberías haber hecho eso! ¡Deberías haber hecho aquello! ¡Deberías estar avergonzada!* Estaba convencida incluso de que esa culpa era piadosa. Pensaba que si me sentía lo suficientemente mal con respecto a mis errores, mejoraría. También tenía la impresión de que mis sentimientos de culpabilidad de verdad agradaban a Dios, que le demostraban a Él que realmente lamentaba mucho todas las cosas en que yo le había decepcionado. Como resultado, no me sentía bien a menos que me sintiera mal.

Pero, *¡gracias a Dios!,* llegó el día en que me di cuenta de la verdad: llevar cargando un lastre de culpa no hace ningún bien a nadie en absoluto.

No nos estimula a una conducta más virtuosa, nos hace actuar peor. La culpa roba nuestra vida día a día. Nos priva de la energía que necesitamos para disfrutar de nuestra familia, crecer en Dios y serle útil a Él. Y lo que es más: ¡la culpa no agrada al Señor! Rompe su corazón, porque Él envió a Jesús a derramar su sangre para que nosotros pudiésemos vivir libres de culpabilidad.

Nunca olvidaré el instante en que el impacto completo de esto me sacudió. Fue un momento decisivo en mi vida, y ocurrió cuando caminaba por un estacionamiento de una tienda Target. Como de costumbre, me sentía culpable por algo que había hecho, así que me estaba golpeando en mi interior y sintiéndome como un gusano.

Por aquel entonces, la duración de mi viaje de culpabilidad dependía de cómo yo clasificaba el pecado que cometía. Si era, por mi propia escala, sólo un pequeño desliz, como irritarme un poco con los niños, me sentía culpable unas horas. Si era un pecado mediano, como hablarles ásperamente o actuar malhumorada hacia ellos, me sentía culpable durante unos días. Si era un pecado grande—digamos que realmente me los comía, despotricaba y vociferaba—, podía sentirme culpable durante semanas.

En esta ocasión había hecho algo de la categoría más grande; por tanto, me había estado sintiendo culpable bastante tiempo, y lo que quedaba todavía. Según caminaba por el estacionamiento, el Señor me susurró: "¿Cómo planeas librarte de esta culpa que cargas?".

Yo sabía exactamente cómo contestar: "Sólo recibiré el sacrificio que Jesús hizo por mí en la cruz", respondí sintiéndome muy espiritual.

"¿Y cuándo planeas hacer eso?", dijo Él.

Yo imaginé que como Él ya lo sabía de todos modos, sería sincera. "En dos o tres días".

"Joyce, si ese sacrificio va a ser suficiente en dos o tres días, ¿no lo es también ahora?".

"Sí Señor, lo es".

"Entonces, agradecería si das ese paso, lo recibes y dejas de sentirte culpable. Porque te necesito y, francamente, ¡no eres muy útil para mí en este estado!".

Allí, de pie en aquel estacionamiento, mientras pensaba en lo que Dios había puesto en mi corazón, tuve un despertar. Me caló profundamente que la montaña de culpa debajo de la cual había estado enterrada nos estaba privando a mí misma y a mi familia de la vida abundante y gozosa que Jesús murió para darnos. Así que me subí las mangas espirituales y empecé a cavar mi salida. Comencé a estudiar lo que la Biblia dice sobre el perdón y la gracia de Dios. Renové mi mente para poder pensar sobre mis pecados, pasados, presentes y futuros, de la manera que Dios lo hace. Dios nos perdona completamente y lleva nuestro pecado tan lejos como está el este del oeste, ¡y no los recuerda nunca más! (Hebreos 10:17-18, Salmo 103:12).

Desde entonces he sido una persona diferente. Tengo ocasionales ataques de culpabilidad como todos tenemos, pero los identifico y me niego a vivir con ello mucho tiempo.

Si Dios está feliz con usted, usted también puede estarlo

No tenemos que despertar cada mañana sintiéndonos culpables por los desastres que cometimos ayer, ¡ni preocupándonos por los que tememos que podríamos cometer hoy! Pero cuando fallo en mi vida, ya no dejo que la culpa me ahogue porque entiendo tres verdades de las Escrituras que toda madre que quiere vivir una vida libre de culpa debe entender.

> *No tenemos que despertar cada mañana sintiéndonos culpables por los desastres que cometimos ayer, ¡ni preocupándonos por los que tememos que podríamos cometer hoy!*

La primera verdad es esta: cuando Jesús fue a la cruz, Él venció al pecado de una vez y para siempre. Romanos 8:3 dice en otra versión de la Biblia que Dios condenó al pecado en la naturaleza humana; lo sometió, lo venció, y le privó de su poder sobre todos los que aceptan el sacrificio de Él. Por tanto, no tenemos que vivir temiéndolo.

Mejor podemos hacer lo que Romanos 6:11 nos dice que hagamos:

> *De la misma manera, también ustedes considérense muertos al pecado, pero vivos para Dios en Cristo Jesús.*

En otras palabras, ¡podemos dejar de enfocarnos en nuestras fallas y en cambio enfocarnos en Dios! Podemos tener comunión con Él en lugar de tenerla con nuestros errores. Para nosotras como mamás, eso significa que podemos dejar de ser legalistas, tratando de mantener todas las reglas que hemos hecho para nosotras mismas (por ej., nunca te perderás ni un sólo partido de los niños. No te saltarás el baño de los niños, ni les acostarás con los pies sucios independientemente de lo cansada que estés. No usarás los dibujos animados, como Veggie Tales, como niñera, ni siquiera si son caricaturas cristianas). Y en cambio, podemos enfocarnos en acercarnos tanto como podamos al Señor, caminando en amor, siguiendo su liderazgo y haciendo lo que Él nos da gracia para hacer.

"Pero ¿y si no puedo hacer perfectamente lo que Dios me ha llamado a hacer?".

Créame, no lo hará. Ninguna de nosotras lo hace, al menos no según las medidas humanas. Pero afortunadamente, la definición de Dios de perfección es diferente a la nuestra. Según Jesús, Él define el ser perfecto como crecer en la completa madurez de piedad en mente y carácter (véase Mateo 5:48). No es tan difícil llevarse bien con Dios como a veces nosotros pensamos. Mientras estemos creciendo y haciendo progresos, Él está feliz con nosotros.

La manera en que yo lo veo es que si Dios está feliz con nosotras, nosotras también podemos dejar de sentirnos culpables por no haber aún llegado por completo, ¡y ser felices nosotras también!

No estoy diciendo, por supuesto, que cuando desobedecemos al Señor y a sabiendas hacemos algo mal, debamos sólo ignorar nuestro pecado y actuar como si no importase. Sí importa, tanto a Dios como a nosotras. Por tanto, deberíamos admitir nuestros pecados y recibir su perdón para que podamos dejar atrás ese pecado y seguir adelante.

Lo cual me lleva a la segunda verdad en la Escritura que nos libera del ciclo de la culpa: Jesús ya ha pagado el precio completo por cada pecado que cometeremos en toda nuestra vida: pasado, presente o futuro. Él ya ha provisto perdón completo y total para nosotras. Lo único que nos pide es recibirlo y creer que... *él es fiel y justo para perdonarnos nuestros pecados y limpiarnos de toda maldad* (1 Juan 1:9, NTV).

Note que de acuerdo a ese versículo, Dios no sólo nos perdona, ¡Él nos limpia! En efecto... *se lleva... nuestros pecados* (1 Juan 2:2, NTV). Él los lleva tan lejos como está el este del oeste (véase Salmo 103:12) y ya no se acuerda de ellos (véase Hebreos 10:17). Debido a que Dios olvida todo lo que hemos hecho mal, ¡nosotras también somos libres para hacer lo mismo!

Tengo que advertirle, sin embargo, que el diablo odia este acuerdo. Él odia que usted pueda aceptar el sacrificio de Jesús y continuar su camino libre de culpa. Así que seguirá intentando recordarle todo lo que ha hecho mal. Hará su mejor esfuerzo para hacerle sentir culpable, avergonzada e indigna. Pero cuando lo haga, puede usted ser como los creyentes en Apocalipsis 12:11, quienes vencieron las acusaciones del diablo... *por medio de la sangre del Cordero y por el mensaje del cual dieron testimonio.*

Puede usted decir: "Ese pecado se ha ido y se ha olvidado. Ni siquiera existe ya porque la sangre de Jesús lo ha borrado. ¡Soy perdonada y limpiada! ¡No hay condenación en mí!".

Cuando comience a decir esas cosas, sus sentimientos aún podrían darle problemas. Podría seguir sintiéndose culpable. Pero si se aferra a la verdad de la Palabra, sus emociones a la larga se alinearán, ¡y usted en efecto se sentirá libre de culpa!

No compre la mentira

Si ha cometido errores que han afectado a sus hijos de una u otra manera, quiero animarle a recordar esta tercera verdad de la Escritura: No hay nada que usted haya hecho mal y que sea demasiado grande para que Dios lo enderece. Él verdaderamente puede hacer que todas las cosas obren para bien, no sólo para usted sino también para sus hijos.

Repito: no estoy proponiendo que ignore usted sus errores como progenitora. Cuando hace algo que impacta negativamente a sus hijos, debería ser sincera con

> *No hay nada que usted haya hecho mal y que sea demasiado grande para que Dios lo enderece. Él verdaderamente puede hacer que todas las cosas obren para bien, no sólo para usted sino también para sus hijos.*

ellos y reconocerlo. Debería disculparse con ellos, orar por ellos y confiar en que Dios cubra la situación con su misericordia y gracia. Pero una vez que haya hecho esas cosas, no debería comprar la mentira de que sus hijos no pueden recuperarse de los errores de usted. Sí pueden, si quieren.

Yo soy una prueba viviente de eso. Mi infancia fue una pesadilla. Pero clamé a Dios, y cuando fui adulta, Él resucitó lo que había perdido y me compensó el doble por mis problemas.

He visto este mismo milagro repetirse con mis propios hijos. Cuando eran pequeños, debido a que yo estaba todavía en las etapas tempranas de madurez cristiana y no sabía qué hacer, les transmití parte del dolor de mi propia infancia a ellos. Aunque no les maltraté físicamente de ninguna manera, sí les gritaba mucho y era muy impaciente y bastante legalista.

Mi hijo mayor solía recordarme eso a menudo. Cuando él hacía algo mal, me decía:

"¡Si no me hubieras tratado como me trataste, no sería como soy!". Durante un tiempo, dejé que sus palabras me hicieran sentir culpable. Pero entonces, un día, Dios me enderezó recordándome esto: "Tu hijo tiene la misma oportunidad que tú tuviste. Él puede recuperarse por mi Palabra como también tú lo hiciste".

Ese mensaje no sólo fue bueno para mí, ¡fue bueno para él! Finalmente él lo llevó al corazón y se convirtió en un maravilloso hombre de Dios. Aunque yo todavía desearía haber sido más sabia cuando él era un niño, para poder haber sido una mejor mamá para él y para mis otros hijos, por la gracia de Dios nuestra familia ha resultado genial. Todos nos llevamos bien. Disfrutamos sirviendo a Dios y pasando tiempo juntos.

Garantizado está que a los chicos todavía les gusta meterse conmigo. Cuando hacen algo que no me gusta, dicen: "¡Eso me viene de ti!". Cuando hacen algo bien, yo le doy la vuelta. "¡Eso también te viene de mí!", les digo. Y después todos nos reímos.

Nuestra familia no es un caso único tampoco. Dios ha hecho el mismo tipo de cosas por muchos otros. Yo sé de una mamá, por ejemplo, que tuvo serios problemas cuando su hija era una niña. Como resultado, ella cometió algunos errores graves y le causó a su hija bastante dolor. Cuando la niña creció, respondió al dolor convirtiéndose en una alcohólica. Amargada y enojada, continuamente culpaba a su madre por ello.

Finalmente, sin embargo, su mamá tuvo una revelación del perdón y la gracia de Dios. Determinada a vivir libre de culpa y continuar con su vida, ella dejó de permitir que su hija le reprendiera. Ella reconoció que había cometido errores, pero le dijo a su hija: "Tú eres responsable de tus propias decisiones. Siento mucho haberte herido, pero si me perdonas y te aferras a la Palabra, puedes transformar tu vida".

Fue una conversación de amor dura, pero al final, las cosas salieron bien. La hija se enderezó y estableció una buena relación no sólo con el Señor sino también con su madre. Aunque vivían en diferentes ciudades, la hija empezó a llamar a su madre a larga distancia cada día sólo para hablar.

Tales historias confirman algo que todas nosotras como mamás necesitamos recordar: No podemos avanzar al futuro maravilloso que Dios ha planeado para nuestra familia mientras arrastremos la culpa del ayer y basura tras nosotros.

Así que, no importa lo que hayamos hecho mal en el pasado, necesitamos recibir el perdón de Dios y decir como el apóstol Pablo dijo:

> *No podemos avanzar al futuro maravilloso que Dios ha planeado para nuestra familia mientras arrastremos la culpa del ayer y basura tras nosotros.*

No, amados hermanos, no lo he logrado, pero me concentro sólo en esto: olvido el pasado y fijo la mirada en lo que tengo por delante, y así avanzo hasta llegar al final de la carrera para recibir el premio celestial al cual Dios nos llama por medio de Cristo Jesús.

Filipenses 3:13-14, NTV

Esta es la maravillosa lección que podemos aprender de Jabes y su mamá. Nuestros errores no tienen la capacidad de arruinar el futuro de nuestros hijos. Por lo que Jesús hizo, todos somos libres para avanzar.

Libres de culpabilidad.

CAPÍTULO 11

No se atreva a compararse

Hace algunos años, una pareja de gansos hizo su residencia en el lago que está detrás de nuestra casa. No voy a afirmar que realmente Dios los enviara, pero sí diré que el momento era perfecto. Me estaba preparando para enseñar en un seminario para padres, y como para proporcionarme una buena ilustración que usar, los gansos pusieron varios huevos y comenzaron una familia.

Un día, había estado escribiendo algunas notas sobre Proverbios 22:6: *Instruye al niño en el camino correcto.* Con ese versículo en mi mente, miré por la ventana para ver a la madre gansa y a su pareja comportándose como si también lo hubiesen estado estudiando.

Habían alineado a sus seis pequeñas crías crespas, y con uno de los padres al principio de la fila y el otro al final, estaban intentando entrenar a su pequeña nidada a seguir al líder.

Cinco de los seis lo hicieron bien. Caminaban en fila india detrás de su mamá y no perdían ni un paso.

Uno de ellos, sin embargo, insistía en ser diferente y marcaba su propio paso. Los padres seguían guardando espacio para él en la línea y enseñándole qué hacer; pero él sencillamente no iba con el programa.

No pude evitar reírme. Todas las mamás se enfrentan a ese dilema a veces. Intentamos que nuestros hijos sean iguales a nosotros. Decimos: "¡Mira aquí! Te enseñaremos qué hacer y cómo". Pero a pesar de nuestros esfuerzos, a veces nuestros hijos parecen decididos a marchar a un paso diferente. Como la cría diferente, ellos simplemente no irán con nuestro programa.

Esa es una razón por la que Dios nos dijo que enseñemos al niño en su camino, o en mantener su propio talento o preferencia. Él quiso recordarnos que cada uno de nuestros hijos es único, y que nuestro llamado es descubrir esa naturaleza única y afirmarla. Que somos ungidos por Dios no para convertir a nuestros hijos en copias exactas de nosotros, o de otra persona, sino para reforzar su individualidad.

Por supuesto, en teoría, esto es lo que casi cada madre cristiana quiere hacer, pero muchas de nosotras tenemos que admitir que algunas veces peleamos con ello.

¿Por qué? Porque, como dije antes, no podemos dar lo que no tenemos. Así que si no estamos felices con nuestra propia naturaleza única, si todavía nos comparamos con otras mamás, tratando de impresionarlas y ser como ellas, transmitiremos esa actitud a nuestros hijos… tanto si es nuestra intención hacerlo como si no.

Un escrito en un blog de la Internet reiteraba este punto. Contenía la confesión de una madre que, durante los primeros años de las vidas de sus hijos, les había impulsado enérgicamente hacia el éxito. Ella había estado tan decidida a que fueran los mejores en todo, desde deportes a música, a los modales, en el vestir, que los criticaba incesantemente. Suponía que sólo velaba por sus intereses. Pero un día se dio cuenta de la verdad. Lo que la estaba impulsando era su propia inseguridad. "Todo se trataba de mí", escribió.

Me preocupaba por cómo el comportamiento de mis hijos o su aspecto iba a reflejarse en mí. Perseguía la perfección porque estaba demasiado preocupada por lo que otras personas fueran a pensar de mí, no de ellos.

Pero todo eso cambió el día en que mi hija menor dejó el ukelele en medio de una sesión de prácticas. Después de mucho escrutinio parental y desaprobación por la manera en que estaba tocando, simplemente se detuvo. Como si se diera por vencida en una batalla que nunca podría ganar, mi hija dijo seis palabras que no olvidaré mientras viva. "Yo sólo quiero ser buena, Mamá".

Mi hija, que tiene un talento genuino para tocar el ukelele y un amor inherente por cantar, pensó que *no* era buena. Y era por mi causa...[3]

---

3 Hands-Free Mama, "Noticing the Good in Our Kids". *Mom to Mom*, 6/25/13, living.msn.com. Web 7/10/13.

Felizmente, la historia terminó bien. La mamá volvió las cosas del revés. Pero estoy agradecida de que compartiera su experiencia porque creo que muchas mamás pueden identificarse con ella. Yo desde luego que sí puedo. Quizá no haya hecho exactamente lo que ella hizo cuando mis hijos eran pequeños, pero sé lo que es sentirse insegura y preocupada por lo que otros piensen. Cuando se trata de compararse con otras mujeres y sentir como que no se está a la altura, yo he estado ahí, he hecho eso y tengo la camiseta.

Desde hace tanto como puedo recordar, nunca sentí que encajaba en el molde de mamá normal. De hecho, ¡durante años ni siquiera sentía que calificaba como una mujer normal! Por una parte, mi voz es demasiado grave. En lugar de tener una voz suave, dulce y femenina como la mayoría de las mujeres, tengo una voz que suena tan parecida a una voz de hombre, que una vez cuando llamé a un spa a reservar para una limpieza facial, ¡la mujer al otro lado del teléfono me preguntó si tenía barba o perilla!

Ahora puedo reírme de eso, pero hubo un tiempo en mi vida en que habría llorado por ello durante días. Mi voz tampoco era la única cosa sobre lo que quería llorar. Solía entristecerme por mi falta de cualidades domésticas. Pensaba que algo estaba mal en mí porque no era una master chef y una modista impresionante.

En lugar de celebrar mis características únicas y el talento que Dios me había dado para enseñar la Palabra, decidí durante una etapa de mi vida que debería ser más como mi vecina. Yo la llamo la Sra. Manualidades, porque siempre estaba haciendo manualidades, plantando plantas y envasando tomates. Un año, yo me había empeñado tanto en parecerme a su imagen que hablé con Dave sobre arar un pedazo de tierra en nuestro jardín y plantar tomates para que la Sra. Manualidades y yo pudiéramos envasar tomates juntas.

Dave hizo la mayoría del trabajo de jardinería. Sacó las malas hierbas y regó fielmente hasta que finalmente llegó el día en que mis hermosos tomates estaban completamente maduros. Con mi equipo de envasado listo, llamé a la Sra Manualidades, y decidimos empezar al día siguiente.

Pero la mañana siguiente salí a recoger los tomates e hice un descubrimiento horrible. Un enjambre de bichos se había metido dentro, y durante la noche habían mordido agujeros negros en ellos. Destrozada, llamé a la Sra Manualidades: "¡Nuestros tomates están estropeados", le dije.

Ella corrió a su jardín, que estaba sólo a medio metro del mío, para ver hasta qué grado sus plantas habían sido dañadas. Después me llamó otra vez y me dio las *buenas* noticias: "¡Mis tomates están bien!".

Indignada, colgué el teléfono y le pedí al Señor que por favor me explicase la situación.

"¿Qué pasa aquí?", dije. "¡Yo oré por esos tomates! ¡Dudo seriamente de que la Sra. Manualidades haya orado por los suyos! ¿Por qué se estropearon los míos y sobrevivieron los de ella?".

Su respuesta fue rápida y sencilla. "Yo nunca te

pedí que cultivaras tomates. Por tanto, no tengo ninguna obligación de proteger tus tomates".

Aunque cuento esa historia a menudo, merece la pena repetirla aquí porque se aplica mucho a nosotras las madres. Las mamás, quizá más que nadie, necesitan apreciar y cultivar los talentos únicos y la inclinación individual que Dios nos ha dado.

> *Las mamás, quizá más que nadie, necesitan apreciar y cultivar los talentos únicos y la inclinación individual que Dios nos ha dado.*

Puede marcar una diferencia tremenda no sólo para nosotras sino también para nuestros hijos.

Piense en esto la próxima vez que usted tome una lata de tomates de su despensa. Recuérdenos a la Sra. Manualidades y a mí y dígase: "Hacer lo que otra madre hace (sin importar cuánto la admire) no funcionará si eso no es para lo que Dios me a creado a mí".

Cuídese de la envidia social

Igualmente, quizá querrá recordar mi historia con los tomates cuando esté navegando por sus páginas favoritas de las redes sociales. Estas páginas pueden llegar a ser un caldo de cultivo para la inseguridad. Según un investigador:

[Ellas] pueden suscitar envidia intensa y pueden también afectar negativamente a la satisfacción vital [porque] en las redes sociales todo el mundo intenta mostrar su mejor lado, a menudo adornando sus perfiles...*Amigos* se convirtió en un grupo de referencia con el cual uno empieza a comparar la propia popularidad y éxito; y eso fácilmente lleva a glorificar a otros y a ponerles por encima de uno mismo: la receta perfecta para los sentimientos de envidia.[4]

No estoy tan sólo metiéndome con los medios de comunicación social. Muchos otros factores pueden ser culpados también (incluyendo la naturaleza humana). Pero la conclusión es esta: hay una epidemia de inseguridad entre las mamás hoy día.

Sin embargo, usted como creyente no tiene por qué tolerarlo en su propia vida. Tiene otra opción porque la Biblia dice esto sobre usted:

> *No prevalecerá ninguna arma que se forje contra ti; toda lengua que te acuse será refutada. Ésta es la herencia de los siervos del Señor.*
>
> Isaías 54:17

Observe que el versículo da a entender que la *seguridad* es parte de su herencia espiritual. Eso significa que ni el diablo ni nadie más tienen el poder de hacerle sentir insegura. A través de su relación con Cristo, ha heredado el derecho a estar absolutamente segura en quién es usted.

---

4 Fanny Jiménez, "Social Envy" 1/27/13, worldcrunch.com Web. 5/9/13

En días en los que no se sienta muy segura en lo que Dios le creó para ser, recuerde que sus sentimientos no son necesariamente la realidad. La Palabra de Dios es la realidad, y dice que porque usted es heredera juntamente con Jesús, todo lo que Él tiene, usted lo tiene. Jesús está seguro y, por tanto, usted puede estar completamente segura en Él.

¡Así que atrévase a creerlo! En lugar de aliarse con sus sentimientos, esté de acuerdo con lo que la Biblia dice sobre usted. Atrévase a decirle a Dios, como hizo el salmista David: *¡Te alabo porque soy una creación admirable! ¡Tus obras son maravillosas, y esto lo sé muy bien!* (Salmo 139:14, NVI).

Mientras está en ello, *no* se atreva a compararse con nadie: ni con las madres en la iglesia, ni con sus amigas de los medios sociales, ni con las modelos en las revistas con las caras retocadas y 0 por ciento de grasa corporal. No diga: "Me gustaría parecerme a ella…o tener sus talentos y habilidades". No desperdicie su vida deseando algo que no tiene. ¡Abrace, ame y valore el modo en que Dios la ha creado a usted!

A medida que haga esto, es muy posible que descubra que las cosas que menos le gustan de usted misma son las que Dios usa más, una vez que deje de sentirse mal sobre ellas. En mi vida, por ejemplo, mi voz ha resultado ser uno de mis mayores recursos. Porque es fuerte y autoritaria, llama la atención cuando predico. La gente la escucha. Hoy día reconozco que es una bendición.

Igual que lo es el hecho de que no me gusta cocinar

y cultivar tomates. No tengo tiempo para ese tipo de cosas. Estoy demasiado ocupada haciendo todo lo demás que Dios me ha dado para que haga.

¡Oh, cuánto más divertido puede ser cuando entendemos esto: Dios nos ha hecho diferentes a propósito! Él quiere que celebremos esas diferencias, no que lloremos por ellas. Seguro que algunas personas van a criticar nuestra naturaleza única. De vez en cuando, otras mamás pueden mover sus dedos en cuanto a las decisiones que tomamos sobre cómo criamos a nuestros hijos. Pero si queremos la paz y el gozo de Dios, no podemos perder el tiempo intentando agradar a los demás.

Debemos descubrir el plan de Dios para nosotras y para nuestros hijos, y seguirlo.

Un día, una mamá se acercó a pedir oración durante una de mis conferencias. Ella estaba llorando, y cuando le pregunté qué pasaba ella me dijo que todo el mundo en su ciudad educaba a sus hijos en casa. "Ellos creen que es la única manera", dijo, "pero yo no tengo ni una pizca de ganas o de talento para hacerlo. ¡Lo odio! Yo sé que si llevo a mis hijos a la escuela pública, o incluso a una cristiana, las otras madres me criticarán y murmurarán sobre mi. ¿Que debería hacer?".

En este punto, usted ya sabe cómo respondí: "Sea usted misma. Sea la mamá que Dios la ha creado para ser. Use los talentos que Él le ha dado, y siga su tendencia única e individual. No intente seguir el programa de nadie más. Permanezca en el de Dios".

Desde luego, quizá tenga que hacer un esfuerzo

para recordar este consejo cuando se trata de aplicarlo a sus hijos. Especialmente si uno o dos de ellos resultan ser pequeñas "crías de ganso" independientes que no piensan ni actúan como lo hace usted. Como descubrió la mamá ganso detrás de mi casa, no es fácil criar a un hijo que tiene una personalidad que es el polo opuesto al de usted. Pero ese reto es a menudo parte de la aventura de la maternidad.

Por ejemplo, yo tengo el tipo de personalidad al que algunas personas se refieren como *colérica*. Las personas coléricas son primeramente motivadas por los logros. Tendemos a ser muy orientadas hacia las metas u objetivos, productivas, serias, tercas, mandonas y directas. Mi hija Laura no estaba muy motivada, tenía malas notas en la escuela y, según mi criterio, era desordenada con sus pertenencias personales. No hace falta decir que ella y yo teníamos muchas discusiones acaloradas que consistían en intentar hacerla como yo, pero me doy cuenta ahora de que la mitad de las veces, ella probablemente ni siquiera entendía de lo que yo estaba hablando. Debido a las diferencias en nuestras personalidades, veíamos las cosas de dos formas diferentes, y nuestras motivaciones en la vida eran polos opuestos. Yo me desarrollaba con los logros, y ella con la relajación. Yo miraba cada pequeño detalle de cómo se veían las cosas, y ella ni siquiera los notaba. Ahora, como adulta con cuatro hijos propios, no sólo hace un gran trabajo con su propia familia sino que también me ayuda con muchos detalles de mi vida. Los hijos crecen, y con la crianza apropiada y mucha ayuda de Dios ellos aprenden a usar sus puntos fuertes y disciplinar sus debilidades.

Mi hijo David era muy terco y cabezota, y por supuesto chocábamos porque yo era igual. Cuando dos personas tercas o de voluntad férrea quieren las cosas cada uno a su manera, alguno va a quedar siempre descontento. Sandy era una perfeccionista y Danny era un amante de la diversión, un sanguíneo muy enérgico, así que con mis cuatro hijos siendo cada uno tan diferente y yo sin entender todavía cómo ayudarles a ser lo que eran, tuvimos algunos años frustrantes. Estoy segura de que así como yo lo hice, usted habrá mirado a su hijo y habrá pensado: "¿De qué planeta vino?". Es difícil a veces captar lo diferentes que son, pero es muy importante que aprendamos a aceptar a nuestros hijos tal como son y ayudarles a ser todo lo que Dios pretende que sean, y no presionarles a ser lo que nosotras queremos que sean.

Por la gracia de Dios, finalmente aprendí una lección importante de las experiencias que tuve con ellos. Nunca es una buena idea comparar a un niño con otro. Nunca es sabio ni pensar ni decir algo como: "¿Por qué no puedes ser más como tal y tal?". Tales críticas puede llevar a cosas como corazones rotos, lágrimas, rebeldía e inseguridad.

Así que no se atreva a comparar. No les compare entre ellos ni con usted misma. Atrévase a instruir a su hijo en seguir su tendencia o talento natural. Incluso si marcha a un paso diferente, permítale ser bueno en ser quien Dios le creó para ser.

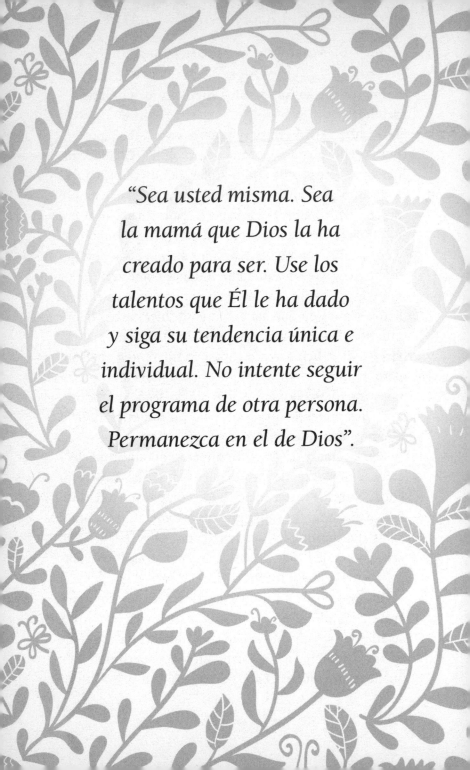

"Sea usted misma. Sea
la mamá que Dios la ha
creado para ser. Use los
talentos que Él le ha dado
y siga su tendencia única e
individual. No intente seguir
el programa de otra persona.
Permanezca en el de Dios".

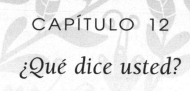

CAPÍTULO 12

¿Qué dice usted?

Cuando vi a mi hijo caminar hacia el automóvil después de la escuela, supe que el examen no había ido bien. Con los hombros caídos y lágrimas rebosando de sus ojos, parecía la imagen de la derrota. Deslizándose en el asiento del acompañante, le dio un portazo a la puerta y me entregó el papel del examen. Pude ver en un abrir y cerrar de ojos la letra *F* deslumbrarme en rojo en la parte de arriba de la hoja.

"Mamá, ¿qué más puedo hacer?", lloraba. "He intentado todo lo que sé. He hecho lo mejor que podía. Pero sólo sigo suspendiendo".

Mi corazón se rompió por él, pero a su papá y a mí se nos habían agotado ya las formas de ayudar. Habíamos trabajado con él noche tras noche en sus deberes. Habíamos estudiado con él para sus exámenes. Habíamos practicado con él hasta que podía responder perfectamente cada pregunta. Pero cuando llegaba a clase, las respuestas abandonaban su mente.

Durante dos meses, sus notas se habían desplomado

hasta la zona del desastre, y se habían convertido en la norma.

Aunque yo le había pedido a Dios repetidamente que interviniera, mis oraciones no parecían funcionar. Así que cuando llegamos a casa, después de animar a mi hijo una vez más, me quedé sola y oré otra vez. "¡Esta situación no tiene sentido, Señor!", dije. "No sé qué más hacer. ¡Sencillamente no sé cómo darle la vuelta a esto!".

No tuve que esperar mucho para obtener una respuesta. Casi inmediatamente, oí su voz resonando en mi corazón.

"Llama a las cosas que no son como si fueran", dijo Él. "Deja de repetir el problema y empieza a declarar la solución de acuerdo a mi Palabra!".

¿Recuerda los viejos comerciales de V-8 donde la gente se golpeaba la cabeza cuando se daba cuenta de que había elegido la bebida incorrecta? Eso es lo que tuve ganas de hacer cuando escuché la respuesta del Señor. Quería darme una bofetada en la frente y decir: "¿En qué estabas pensando? ¡Podría haber estado declarando la Palabra sobre él todo el tiempo!".

Después de todo, Dios me enseñó años antes cuánto poder tienen nuestras palabras. Podía recitar de memoria versículos como:

- *La muerte y la vida están en poder de la lengua...* (Proverbios 18:21).

- *El hombre será saciado de bien del fruto de su boca...* (Proverbios 12:14).

- *Del fruto de su boca el hombre comerá el bien... (Proverbios 13:2).*

- *...cualquiera que dijere...y no dudare en su corazón, sino creyere que será hecho lo que dice, lo que diga le será hecho (Marcos 11:23, RVR-60).*

- *El que quiere amar la vida y ver días buenos...refrene su lengua de mal, y sus labios no hablen engaño (1 Pedro 3:10).*

Por alguna razón, sin embargo, no se me había ocurrido aplicar esos versículos a la situación de mi hijo. Como resultado, había estado deshaciendo mis propias oraciones. Oraba para que sus notas subieran, pero luego iba y repetía el problema. Me sentaba y hablaba de ello toda la noche con Dave. Iba a tomar un café con mi mejor amiga y decía cosas como estas: "Nada de lo que hacemos para ayudar marca diferencia alguna. ¡Nuestro hijo sigue teniendo horribles calificaciones!".

Claro que no hacía esas afirmaciones negativas cuando mi hijo estaba delante, así que él no las oía. Pero el diablo sí, y él las usaba como licencia para perpetuar el problema. Por tanto, cada vez que yo hablaba sobre ello, cavaba el surco más profundo y hacía más difícil que mi hijo pudiera salir de allí. En realidad usaba mis palabras para empeorar la situación. Él luchó tanto que desarrolló un miedo a fallar, así que entre su miedo y mi confesión negativa, estábamos condenados a seguir repitiendo el ciclo del error a menos que algo cambiase.

Afortunadamente, el Señor me despertó a lo que yo había estado haciendo. Él abrió mis ojos al tremendo poder que yo podía liberar si dejaba de usar mis palabras para estorbar a mi hijo y las empezaba a usar para ayudarle. Al decirme *llama a las cosas que no son como si fuesen*, Él me recordó a Abram en el Antiguo Testamento.

Si Abram no hubiese llamado a las cosas que no eran como si fuesen, ¡su hijo ni siquiera habría nacido!

Si ha leído la historia en la Biblia, sabe lo que quiero decir. Abram y su esposa estéril oraron y escucharon promesas sobre sus descendientes durante muchos años, pero permanecieron sin hijos mientras siguieron diciendo las mismas viejas palabras. Cuando ambos tenían alrededor de 90 años, sin embargo, Dios les sacó de su surco verbal. Él le dijo a Abram:

> *Tú serás el padre de una multitud de naciones. Ya no te llamarás Abram, sino que de ahora en adelante tu nombre será Abraham, porque te he confirmado como padre de una multitud de naciones.*
>
> Génesis 17:4-5

Desde ese momento, las palabras de la pareja cambiaron. A pesar de toda la evidencia de lo contrario, ellos empezaron a llamar a Abram *Abraham, el Padre de una multitud*. Al principio probablemente les sonó peculiar a ellos (y a todos sus amigos y parientes), pero continuaron haciéndolo de todos modos. Continuamente decían de ellos mismos lo que Dios les había dicho... ¡y finamente fueron padres!

El efecto dominó

¡Esa es una historia de la Biblia que todas las mamás necesitan recordar! Revela qué tan grande efecto tiene lo que decimos en nuestros hijos, no sólo antes de que nazcan, como en el caso de Abraham, sino también a medida que van creciendo.

Las Escrituras son claras sobre esto: Por la autoridad espiritual que Dios nos ha dado sobre las vidas de nuestros hijos, las palabras que hablamos sobre ellos pueden bendecirles o dañarles. ¡La autoridad de los padres es algo poderoso! Cómo la usemos tiene un impacto capaz de transformar las vidas de nuestros hijos y nietos en futuras generaciones. En Éxodo 20:5-6, Dios lo expresó de esta manera:

> *Por la autoridad espiritual que Dios nos ha dado sobre las vidas de nuestros hijos, las palabras que hablamos sobre ellos pueden bendecirles o dañarles.*

> *Yo, el Señor tu Dios, soy un Dios celoso. Cuando los padres son malvados y me odian, yo castigo a sus hijos hasta la tercera y cuarta generación.*

Por el contrario, cuando me aman y cumplen mis mandamientos, les muestro mi amor por mil generaciones.

No me importa decirle que esos versículos solían molestarme. Parecía injusto que Dios permitiera sufrir a generaciones futuras a causa de las malas decisiones de los padres. Especialmente porque yo misma había experimentado el abuso de niña, no lo entendía.

Al buscar a Dios sobre ello, sin embargo, Él me mostró que cuando Él estableció originalmente su sistema de autoridad, lo hizo para nuestro bien. Su intención era que los padres usaran su autoridad para enriquecer las vidas de sus hijos y volver futuras generaciones hacia Él. Pero debido a que Él honra el libre albedrío, también permite que cada padre y madre elija lo que va a hacer.

Si elegimos mal y nos rebelamos contra las instrucciones que Dios nos da en su Palabra, no seremos los únicos que experimentaremos las tristes consecuencias; nuestros hijos, nietos, y bisnietos lo harán también. Ese es el aspecto negativo de la autoridad de los padres. Y da mucho qué pensar.

Pero hay también otra cara que es mucho más poderosa.

Si escogemos amar y obedecer al Señor, podemos en efecto *revertir* las tendencias negativas que se pusieron en marcha por los padres y abuelos que tomaron malas decisiones. Podemos comenzar un efecto dominó que traerá la influencia santa y amorosa de

Dios a nuestra familia durante mil generaciones por venir.

Cada niño al final tiene que elegir por él mismo si seguirá a Dios o no, pero si les criamos en un ambiente saturado de Dios, afectará grandemente a su decisión. Si les enseñamos sobre el Señor y les permitimos vernos vivir de una manera que les revela su carácter, si ejercemos la autoridad espiritual que Dios nos ha dado hablando palabras de fe sobre nuestros hijos de acuerdo a la Biblia, ellos serán receptivos a Dios a una temprana edad.

No se puede subrayar en exceso la influencia de una madre devota que declara la Palabra de Dios sobre sus hijos.

Considere al joven discípulo Timoteo en Hechos, capítulo 16. Timoteo era...el hijo de cierta mujer judía que era creyente (v. 1). Aunque su padre era griego inconverso, Timoteo finalmente se convirtió en un líder importante en la iglesia primitiva. ¿Por qué? Porque, como le escribió el apóstol Pablo en 2 Timoteo 1:5...la fe genuina que...*habitó primero en tu abuela Loida, y en tu madre Eunice, y...en ti también*... (RVR-60).

Observe que en el caso de Timoteo, fueron su madre y su abuela quienes llevaron la influencia de Dios al hogar. No había un padre cristiano que ayudara. La madre de Timoteo estaba casada con un no creyente. Y aun así, en la familia de Timoteo, lo que Pablo escribió en 1 Corintios 7 demostraba ser cierto:

Y, si una mujer cristiana tiene un esposo que no es creyente y él está dispuesto a seguir viviendo con ella... la esposa cristiana da santidad a su matrimonio... De otro modo, sus hijos no serían santos, pero ahora son santos.

vv. 13-14, NTV

Si usted tiene un esposo que no vive para el Señor, sea esto un consuelo para usted: la oscuridad nunca puede vencer a la luz. Incluso si su conyugue está siendo un mal ejemplo delante de sus hijos, a medida que usted continúe haciendo las cosas como Dios quiere, su influencia al final prevalecerá y marcará la diferencia en sus hijos.

¿Estoy diciendo que seguirán a Dios el cien por ciento del tiempo sin fallar?

No, no lo estoy haciendo. Ningún padre, independientemente de lo maravillosa que su influencia pueda ser, tiene eso garantizado. Después de todo, Dios fue el Padre perfecto y su hijo, Adán, se rebeló contra Él. Al final, sin embargo, Dios enderezó las cosas, incluso con Adán. Y en casi la mayoría de los casos podemos hacer lo mismo con nuestros hijos adoptando una posición firme en la Palabra, manteniendo una actitud positiva e, incluso si las cosas se ponen un poquito desordenadas y feas por un tiempo, al continuar creyendo que si instruimos a nuestro hijo en el camino correcto, aún cuando sea viejo no se apartará de él (véase Proverbios 22:6).

Ponga sus palabras a trabajar

El día que Dios me habló sobre las notas de mi hijo, se me recordó que instruir a nuestros hijos en el camino de Dios incluye declarar palabras de fe sobre ellos. De hecho, esa es la mayor parte de nuestra responsabilidad como padres. Somos llamados por Dios a *bendecir* a nuestros hijos y no a *maldecirlos*. Y en la Biblia, la palabra hebrea traducida como "bendecir" significa *hablar bien de*; y la palabra "maldecir" significa *hablar mal de*.

Nunca olvidaré lo que Dave me dijo sobre esto. Habíamos estado dialogando sobre lo que ocurre cuando los padres hablan negativamente sobre sus hijos, y él me dijo algo que nunca antes había compartido conmigo.

Él dijo que en los primeros años de nuestro matrimonio, cuando yo era tan dura, áspera y difícil de sobrellevar, Dios le hizo ver claro que si iba contándole a la gente sobre mis problemas, se produciría un cortocircuito en el trabajo que Dios quería hacer en mí. En su corazón, Dave sabía que eso era cierto aunque él nunca había oído ninguna enseñanza de la Biblia sobre el poder de las palabras. Así que decidió mantener su boca cerrada.

"Joyce", dijo, "a veces la forma en que actuabas y las palabras cortantes que decías me herían tanto que tenía que irme a un sitio y llorar a solas. Pero nunca dije nada a nadie sobre ello. Solamente seguí creyendo que Dios completaría la buena obra que Él comenzó en ti y te ayudaría a ser la mujer que Él me mostró que serías algún día".

Imagine qué fácil hubiese sido en esa época para Dave haber acudido a su madre o a su hermana (que vivía en el piso de abajo) ¡y decirles el desastre que yo era! Pero él no lo hizo. Y le estaré siempre agradecida porque si lo hubiera hecho, no estoy segura de si yo sería la mujer que soy hoy. Dave cree esto tan firmemente, que piensa que una de las cosas más desastrosas que las madres y los padres pueden hacer cuando tienen problemas, tanto entre ellos como con sus hijos, es hablar de esos problemas a otras personas.

No quiero ser irreal con esto. Hay un balance. Habrá veces en que usted, como mamá, encuentre necesario hablar con otros de una dificultad que quizá su hijo esté pasando. Puede necesitar hablar del problema con su esposo, su pastor, o un maestro en la escuela para asegurarse de que su hijo recibe la ayuda y el apoyo que él o ella necesita.

Pero incluso en esos casos, puede hablar de ellos de una manera positiva. Puede bendecirlos en medio de su lucha haciendo declaraciones de fe que están basadas no en los problemas que están experimentando, sino en escrituras como estas:

> *Qué felices son los que temen al Señor y se deleitan en obedecer sus mandatos. Sus hijos tendrán éxito en todas partes; toda una generación de justos será bendecida.*
>
> Salmo 112:1-2, NTV

Los hijos de tu pueblo vivirán seguros; los hijos
sus hijos prosperarán en tu presencia.

Salmo 102:28, NTV

El Señor mismo instruirá a todos tus hijos, y
grande será su bienestar.

Isaías 54:13

Pero el amor del Señor es eterno y siempre está
con los que le temen; su justicia está con los hijos
de sus hijos.

Salmo 103:17

Pero así dice el SEÑOR: Ciertamente el cautivo
será rescatado del valiente, y el botín será arreba-
tado al tirano; y tu pleito yo lo defenderé, y yo sal-
varé a tus hijos.

Isaías 49:25, RVR-60

Me siento feliz de contar que cuando Dios me recordó tales escrituras y me dijo que llamara a las
cosas que no son como si fueran, en lo que concernía
a las notas de mi hijo, esas son la clase de declaraciones que comencé a hacer sobre él. Aplicándolas
específicamente a su situación, comencé a decir: "Él
saca buenas notas. Él saca sobresalientes".

¿Qué ocurrió?

Mis palabras se pusieron a trabajar, y poco tiempo
después las cosas cambiaron. Sus notas empezaron a
mejorar, y aunque no eran perfectas, eran mucho mejores. Cuando le recogía de la escuela, ya no estaba
desalentado ni temeroso. Una cosa es segura: hacer un
comentario negativo sobre sus hijos tiene el potencial

de herirles y hacer que su situación empeore, pero palabras positivas y llenas de fe nunca hieren a nadie, y tienen muchas posibilidades de ayudar en cualquier situación.

CAPÍTULO 13

Dando forma a la vida de su hijo

Una vez enseñé un seminario titulado *Dando forma a las vidas de sus hijos*. Durante una de las sesiones, hice a la audiencia esta pregunta: ¿Cuántos de ustedes fueron disciplinados por sus padres de una manera sana y equilibrada cuando eran niños? Muy pocas manos se levantaron.

Al mirar entre el grupo, se me ocurrió. Muchos padres cristianos maravillosos tienen poca confianza en su capacidad para disciplinar a sus hijos porque ellos no han tenido un buen modelo a seguir. No quieren ir por el mismo camino que sus padres, pero no saben encontrar una ruta mejor.

Yo sé lo que es eso. Cuando se trató de la disciplina de mis hijos en mis primeros años como mamá, yo estaba perdida. En un momento podía ser muy estricta con ellos por mi personalidad fuerte y mandona. Al momento siguiente, les agobiaba con una avalancha de simpatía y compasión porque tenía miedo de herirles como mi padre me había herido a mí. Hablaba…y hablaba…y hablaba sobre lo que lamentaba haber tenido que corregirles, hasta que estoy segura de que ellos deseaban desesperadamente que me callara y terminar con la corrección.

Tuve un ejemplo muy malo de la crianza mientras crecí, y no empecé haciéndolo todo bien, pero a medida que el Señor siguió enseñándome, descubrí cuatro verdades en las Escrituras que me situaron en la dirección correcta. Y aunque nunca afirmaría ser una experta en esta materia, creo que estas verdades le ayudarán también a usted según camina por el camino, algunas veces rocoso, de disciplinar a sus hijos.

1. Recuerde, lo primero y más importante, que la disciplina es amor.

Como mamás, necesitamos pensar sobre esto hasta que nos sintamos cómodas con ello: el amor genuino no es siempre dulce, tierno y empalagoso. Tiene también un lado más difícil, un lado que no se siente inicialmente bien en las emociones de nuestros hijos, pero que rinde grandes dividendos más adelante en sus vidas.

Los niños necesitan esta clase de amor más severo tanto como el cálido de osito, pero tristemente muchas madres dudan en darlo. Algunas veces (como en mi caso) es porque fueron tratadas demasiado ásperamente ellas mismas de niñas y no quieren que sus hijos experimenten el mismo dolor. En otras ocasiones, es porque son inseguras y tienen temor a que sus hijos se enojen y las rechacen. Y muchas veces es sencillamente porque administrar ese lado duro del amor no es nunca divertido, para nadie.

La mayoría de nosotras descubrió esto las primeras veces que nos llevamos a un niño pequeño al supermercado. Cuando paseamos el carrito de la compra por el pasillo de las galletas y nuestro pequeñín empezó a aullar, queriendo que le diésemos una caja de galletas para que se las pudiera comer *¡ahora mismo!*, tuvimos que tomar una decisión. ¿Qué íbamos a hacer?

¿Diríamos que no y arriesgarnos a tener que lidiar con una rabieta a gran escala en público, con los otros compradores mirando? ¿Soportaríamos el inconveniente de acarrear hasta el auto a un niño que patalea y chilla para aplicar la corrección que sabíamos que necesitaba? ¿O simplemente cederíamos a sus demandas?

Todas nosotras, a veces, hemos sido sumamente tentadas a escoger lo último. Después de todo, no queremos ver a nuestros hijos llorar. Tampoco queremos atravesar un sufrimiento de disciplina que nos haga sentir ganas de llorar a nosotras mismas. Pero aun así, podemos prevalecer sobre nuestras emociones y hacer lo correcto si recordamos que, al hacerlo, estamos siguiendo el ejemplo de Dios. Estamos amando a nuestros hijos de la forma que Él nos ama a nosotros.

Porque el Señor disciplina a los que ama, y azota
a todo el que recibe como hijo.

Hebreos 12:6

Cuando detenemos tal disciplina hacia nuestros hijos, en realidad no les estamos amando. Por evitarles a ellos (y a nosotros) la incomodidad temporal que conlleva el tratar su mal comportamiento hoy, estamos preparándoles para un mayor dolor mañana. Estamos enseñando a nuestros hijos pequeños, por ejemplo, que no deberían tener que esperar nunca para obtener algo; que demandando y haciendo una rabieta pueden obtener lo que quieren inmediatamente.

Tal lección les costará cara en los años venideros.

Asegúrese de que sus hijos no tengan que pagar ese precio. Haga lo que es mejor para ellos. Deles a sus hijos no sólo el lado tierno, sino también el lado difícil del amor.

> *Deles a sus hijos no sólo el lado tierno, sino también el lado difícil del amor.*
>
>

Y cuando sea tentada a evitarlo porque es duro, recuerde lo que la Biblia dice:

Ciertamente, ninguna disciplina, en el momento
de recibirla, parece agradable, sino más bien pe-
nosa; sin embargo, después produce una cosecha
de justicia y paz para quienes han sido entre-
nados por ella.

Hebreos 12:11

Todos queremos gustarles a nuestros hijos y que piensen que somos increíbles, pero no es siempre posible ser sus padres y sus mejores amigos. Si tiene que escoger, asegúrese de escoger la crianza correcta, y después la amistad llegará a su debido tiempo.

2. Discipline con acción, no con emoción

Las mujeres en general, y las madres en particular, tendemos a ser criaturas emocionales. En muchos aspectos eso es algo maravilloso. Nos ayuda a ser sensibles a los sentimientos de nuestros hijos para poder darles un abrazo extra o una palabra de ánimo cuando lo necesitan. Nos hace geniales en besar rodillas desolladas y en consolar jóvenes corazones rotos por los primeros enamoramientos.

Pero las emociones pueden ser un problema cuando se trata de la disciplina.

Esto es algo de lo que yo no me daba cuenta cuando era una joven mamá. Cuando mis hijos desobedecían y necesitaban ser castigados, pensaba que yo debía estar al menos un poco enojada con ellos. Así que solía gritarles y enojarme por un rato; suponía que mi enojo les motivaría a cambiar su comportamiento.

Eso no sucedía, por supuesto, y hay un motivo en las Escrituras para ello: *pues la ira humana no produce la vida justa que Dios quiere…* (Santiago 1:20). Ni tampoco lo hace cualquier otra clase de explosión emocional. Por lo tanto, la disciplina efectiva adopta la forma de acción, no de emoción.

Mi esposo, Dave, al contrario que yo, parecía entender esto desde el momento en que fuimos padres. Quizá era porque como hombre, él es menos emocional. O quizá porque él era espiritualmente más maduro de lo que yo era en aquella época.

> *Por lo tanto, la disciplina efectiva adopta la forma de acción, no de emoción.*

Pero sea cual sea la razón, él rara vez dejaba que sus emociones se involucraran en la disciplina de nuestros hijos.

Por el contrario, él se sentaba con calma con ellos y les explicaba lo que habían hecho mal. Les enseñaba en la Palabra por qué su comportamiento no era aceptable, y después les decía las consecuencias que les iba a imponer. "Porque has hecho esto, no irás al cine con tus amigos esta noche", les decía. Después les daba un abrazo, les decía que les amaba, y eso era el final de la interacción.

Aunque no siempre les dejaba contentos con su decisión, funcionaba muy bien. Por alguna razón no se me ocurrió seguir su ejemplo. Tuve que recibir mi propia revelación de parte de Dios. Nunca olvidaré cuando ocurrió. Había estado estudiando lo que la Biblia dice sobre la disciplina, y dos versículos en particular captaron mi atención. Uno de ellos era el Salmo 119:7, donde David dice:

Te alabaré con integridad de corazón, cuando aprenda tus justos juicios.

El otro versículo era Proverbios 19:18, que dice:

Corrige a tu hijo mientras aún hay esperanza, no te hagas cómplice de su muerte.

Cuando puse juntas esas dos escrituras, vi claramente por primera vez que Dios no quería que disciplinara a mis hijos con emoción. Él quería que yo fuese clara, justa y orientada a la acción. Él quería que yo les diera a ellos *experiencias santificadas* que les ayudaran a aprender lo que es correcto.

Casi tan pronto como entendí eso, mi hijo Danny me dio la oportunidad de ponerlo en práctica. Él tomó prestada una pelota de tenis de su hermana y, en lugar de devolvérsela cuando terminó de jugar, la perdió. Ella se quejó conmigo por ello, y tuve que decidir qué iba a hacer.

Por una vez, en lugar de responder con irritación u otra clase de sentimiento, yo me detuve, oré y pensé en la medida que debía tomar. Cuando lo hice, me di cuenta de que la pelota perdida representaba una debilidad en el carácter de Danny. Perder cosas, especialmente cuando no eran suyas, se había convertido en un patrón en él. No había aprendido la importancia de cuidar de las pertenencias de otras personas.

Yo sabía que no era lo que más le convenía dejarle continuar con ese patrón, así que decidí cuáles serían las consecuencias de su comportamiento. Entonces fui a su cuarto a informarle de ellas. De manera calmada y pacífica, le dije que la Biblia nos enseña que debemos tratar a otros como queremos ser tratados nosotros mismos, y que él necesitaba hacer eso cuidando las posesiones de otras personas cuando las tomaba prestadas. Entonces le dije que debido a que no había hecho eso con la pelota de Sandy, no le permitiría ir a pescar durante una semana.

La pesca era una de las mayores aficiones para Danny en aquel entonces, así que el castigo dolió. Pero ese era el punto. Yo quería que él experimentara suficiente dolor para que lo recordara y fuera lo suficientemente inspirado a cambiar su comportamiento.

En tiempos pasados, me habría sentido mal por él en esta situación. Habría simpatizado con él y le habría hablado severamente durante una hora sobre lo mucho que me gustaría no tener que castigarle...y que sólo lo hacía por su bien...y que esperaba que entendiera mi intención...y que me dolía a mí más que a él...y cualquier otra cosa que viniera a mi mente. Después, sería más que probable que yo hubiera sucumbido a los dos días, y le hubiera dejado ir a pescar antes de que terminara la semana. En otras palabras, la corrección que le daba habría sido impuesta emocionalmente, y después, debido a las emociones, le habría librado de ella antes.

Esta vez, sin embargo, simplemente dije: "Te quiero", y me di la vuelta para irme, sabiendo en lo profundo de mi corazón que él no iría a pescar en una semana.

Antes de que alcanzara la puerta, Danny me detuvo. "Mamá", dijo, "gracias por corregirme".

Inmediatamente supe que no era él solo quien hablaba. Era el Señor hablándome a través de sus palabras. Era Dios diciendo: "¡Buen trabajo, Joyce! ¡*Finalmente* lo has hecho bien!".

Estoy segura de que toda la familia se alegró de que lo hiciera.

3. Enfóquese en lo que agrada a Dios, no en sus propias preferencias personales

Aquí hay algo que nos resulta fácil olvidar a nosotras las mamás: La verdadera disciplina se trata de enseñar a nuestros hijos a agradar a Dios; no se trata de enseñarles a agradarnos a nosotros.

Así que antes de poner reglas y tratar de aplicarlas, deberíamos estar seguras de que esas reglas están basadas en la Palabra y no sólo en nuestras preferencias personales. De otra manera, nuestro hijos terminarán resentidos y las reglas provocarán rebeldía en lugar de piedad.

Comprobé esto con mi hija Laura. De niña, su entendimiento sobre la limpieza y el orden era contrario al mío. Incluso después de que ella pensara que había hecho un buen trabajo limpiando y ordenando su cuarto, a mí me parecía como si una bomba hubiese explotado allí dentro. Así que siempre estaba

> La verdadera disciplina se trata de enseñar a nuestros hijos a agradar a Dios; no se trata de enseñarles a agradarnos a nosotros.

tratando con ella sobre el desorden que dejaba por la casa. Me metía en pequeñas guerras contra ella, no porque ella lo hiciera tan mal, sino porque me gustaba tener todo limpio y ordenado todo el tiempo, y quería que ella me complaciese a mí.

Para decir la verdad sobre esto, solía machacar a mis tres hijos mayores sobre ser perpetuamente limpios. Constantemente les decía: "¡Recoge tus juguetes! ¡Aséate!", no porque haya algo incorrecto bíblicamente en tener juguetes en el piso de vez en cuando, o tener el cabello enredado, sino porque yo, personalmente, odiaba el desorden y la suciedad.

Mi actitud era particularmente dura con mi hija Laura porque ella ni siquiera se daba cuenta de la mayoría de los desórdenes por los que yo estaba descontenta. Laura terminó pasando por un breve tiempo de rebeldía durante la secundaria, y auque eso quizá hubiese ocurrido de todas formas, estoy segura de que la tensión en nuestra relación no ayudó. Empezó a salir con varios chicos y chicas que no eran una buena influencia para ella; y durante un tiempo yo estaba muy preocupada. Sin embargo, a causa de que nuestra relación no era tan buena, no tenía mucha credibilidad para ella a la hora de darle consejos.

De eso hace muchos años ya, por supuesto, y hoy día nuestra relación es genial. Ahora que ella tiene que recoger cosas tras sus hijos adolescentes, estoy segura de que ella le diría que debería haber sido más ordenada y menos rebelde en aquella época. Pero mirando atrás puedo ver que yo también tuve que ver en su terquedad. Hubiera sido más sabio para mí darle más espacio y tener en mente las instrucciones de Efesios 6:4: *no hagan enojar a sus hijos con la forma en que los tratan. Más bien, críenlos con la disciplina e instrucción que proviene del Señor* (NTV).

En otras palabras, podría habernos ahorrado a ambas, a Laura y a mí, problemas innecesarios si me hubiera enfocado más en ayudarla a aprender a agradar a Jesús y menos en presionarla para agradarme a mí.

4. Mantenga a sus hijos bajo control, sin ser controladora

El concepto de mantener a los hijos bajo control quizá no es muy popular en la actualidad, pero es muy importante para Dios. La Biblia habla sobre un padre que descubrió esto a las malas. Él era un sacerdote judío llamado Elí. En tiempos del Antiguo Testamento, él ministraba en el templo junto con sus dos hijos, y definitivamente no los tenía bajo control. Como resultado, ellos tuvieron un comportamiento impensable. Engañaban a los adoradores con las ofrendas que llevaban al Señor y hacían cosas lujuriosas con las mujeres que acudían al templo.

Finalmente, al Señor se le agotó la paciencia con la situación. Él pronunció un juicio sobre Elí y dijo:... *por la maldad de sus hijos he condenado a su familia para siempre; él sabía que estaban blasfemando contra Dios y, sin embargo, no los refrenó* (1 Samuel 3:13).

Ese solía ser un versículo desconcertante para mí. Parecía contradecir otro pasaje de la Escritura que dice Elí sí les habló a sus hijos sobre el mal comportamiento, pero ellos no le escucharon. Un día le pregunté a Dios sobre esto. Le dije: "Señor, ¿si Elí sí recriminó a sus hijos, por qué fue juzgado?".

Como respuesta, el Señor me señaló que todo lo que hizo Elí fue hablar. No tomó ninguna medida. Como el sacerdote a cargo del ministerio del templo, él podría haberles quitado de sus puestos allí y quitarles su autoridad. Pero no lo hizo. Por eso Dios le consideró responsable por igual de los pecados de ellos.

Obviamente, como la familia de Elí estaba en el ministerio, esa era una situación especialmente grave y Dios tuvo que tratarlo de una forma severa. También ocurrió bajo el antiguo pacto, que es mucho menos misericordioso que el nuevo. Pero aun así, yo puedo identificarme con el apuro de Elí. Como superviso un ministerio yo misma y mis hijos trabajan para mí, puedo imaginarme qué terrible sería tener que despedir a uno de mis hijos por comportamiento indebido. Sería muy doloroso y estoy segura de que también embarazoso.

Pero eso es lo que Dios demandó de Elí; y muestra cuán serio es Él acerca de mantener a los hijos bajo control.

Afortunadamente, ninguna de nosotras tendrá que enfrentarse a lo que Elí se enfrentó. Pero podemos aprender de ello. Podemos asegurarnos de que hacemos algo más que hablar con nuestros hijos sobre lo que ellos hacen mal.

Es importante para nosotras entender, sin embargo, que mantener a nuestros hijos bajo control no significa que debamos ser controladoras. Los padres controladores sacan lo peor de sus hijos. Dominan tanto a sus hijos que terminan avivando las llamas de la rebeldía, o les hacen a sus hijos tan dependientes de ellos que nunca crecen de verdad.

"Pero Joyce", podría usted decir. "¿Cómo encuentro el balance correcto? ¿Cómo mantengo a mis hijos bajo control sin ser controladora?".

Una clave es recordar que no es usted la única involucrada en moldear la vida de su hijo. Dios también está involucrado en esto, y su hijo también. Cada participante tiene su papel que desempeñar.

> *Una clave es recordar que no es usted la única involucrada en moldear la vida de su hijo.*

Como madre, su parte es orar por sus hijos y enseñarles lo que la Biblia dice sobre cómo vivir; establecer pautas para que ellos sigan, determinar cuáles serán las consecuencias si desobedecen y aplicar esas consecuencias cuando sea necesario. La parte de Dios es trabajar con los corazones de sus hijos y ayudarles a cambiar actitudes internas. La parte de los hijos es decidir lo que van a hacer.

Los padres se desequilibran cuando tratan de manejar las tres partes involucradas en este proceso ellos solos. Puede evitar ese error haciendo sólo su parte, confiando en que Dios hará la suya, y dejando que su hijo decida entre cambiar su comportamiento o experimentar las consecuencias.

Otra manera de mantener un equilibrio sano es ir dándoles a sus hijos progresivamente más autoridad sobre sus propias vidas. Poco a poco, según van creciendo, empezar a dejarles tomar algunas de sus propias decisiones. No intente controlar cada movimiento hasta que tienen 20 años y entonces de repente dejarles que se las arreglen por sí mismos. No estarán preparados. No habrán desarrollado las destrezas que necesitan para tomar decisiones por ellos mismos.

"Pero, ¿y si deciden hacer malas elecciones?", puede preguntar. "¿Qué pasa si ellos deciden llevar ropa estridente a la escuela o hacerse un corte de cabello raro? Eso podría afectar la opinión de otros sobre ellos. ¿No debería yo intervenir por su propio bien?".

No necesariamente. Muchas veces, los niños necesitan tomar algunas malas decisiones para aprender por sí mismos a pensar las cosas dos veces. Y algunas veces, solo necesitan la libertad de expresar su propia personalidad y disfrutar sus propias preferencias personales.

Yo tuve que aprender esto cuando Danny era adolescente. Le había estado dando más autoridad sobre su propia vida, dejándole tomar sus propias decisiones sobre su ropa, cortes de cabello, amigos y demás, y él decidió que quería su cabello de punta. Dave no tenía ningún problema con eso, pero yo sí. En mi opinión, parecía estúpido tener parte del cabello de punta y el resto colgando para cualquier lado.

Entonces recordé lo ridícula que probablemente yo parecía cuando era adolescente. Como todas las otras muchachas de mi edad, yo llevaba un pañuelo en la cabeza con el nudo atado justo en medio de mi barbilla. ¿Qué tonto parecería eso? Pero a mí me gustaba, y en el cuadro completo de las cosas no marcó ninguna diferencia.

Después de pensarlo un poco, me di cuenta de que negarme a permitir a Danny hacerse ese extraño corte de cabello no se trataba de mantenerle bajo control piadoso; se trataba de mí tratando de controlarle. Así que decidí dejarle que se pusiera el cabello de punta. No sólo no afectó negativamente a su vida de ninguna manera; después de un tiempo empezó a gustarme. Y lo más importante, le dio a Danny una sensación de libertad y control sobre su propia vida que él necesitaba en ese momento. Y lo mejor de todo fue que fortaleció su relación conmigo.

Me gusta lo que James Dobson dijo sobre ese tipo de cosas. "No arruine su amistad con su adolescente por un comportamiento que no tenga gran importancia moral. Habrá muchos asuntos reales que requieran que permanezca firme como una roca. Ahorre sus grandes municiones para esas confrontaciones cruciales". ¡Elija sabiamente sus batallas!

En otras palabras, si de verdad quiere que su disciplina sea efectiva, concéntrese en lo importante. Después vuelva su atención a una de las partes más difíciles de la crianza: aprender a soltar.

CAPÍTULO 14

Simplifique

Si no hubiera sido por un artículo publicado recientemente en la Internet, no tendría ni idea de que el *"estrés por Pinterest"* ni siquiera existía. Ni tampoco estaría enterada de que el 42% de las madres dicen que a veces sufren de este estrés tras visitar la página web llena de manualidades, artículos para fiestas y recetas. Pero ahora que sé sobre esta condición, debo decir que sinceramente espero que no esté usted entre las afectadas.

De acuerdo al artículo, los síntomas de esta "condición" son terribles. Incluyen: quedarse despierta hasta las 3 de la mañana viendo las fotos de la web de souvenirs hechos a mano para las fiestas de cumpleaños y lamentándose por el hecho de que usted terminará comprando los suyos en la tienda de dólar. Sollozar sobre un desastre chamuscado con ingredientes costosos que se suponía iban a ser adorables galletitas con forma de conejito para vender en la escuela. Enojarse porque las tarjetas de San Valentín que hizo usted misma para la fiesta de su hijo fueron copiadas por otra mamá. Y otros traumas parecidos.

¡Ay! Eso suena mal. Sólo pensar en ello podría hacer que me alegrara de que mis hijos crecieran antes de que se inventaran las páginas de la Internet del Hágalo-usted-misma como Pinterest. Podría hacer que le diera gracias a Dios porque en los tiempos anteriores a la Internet cuando yo intentaba buscar el balance entre ser una buena mamá con todo lo demás que tenía que hacer, la vida era un poco más sencilla.

Sería *posible*...excepto por este hecho: la vida seguía teniendo sus retos en aquella época también. No ha sido sencillo durante miles de años. Los seres humanos lo han estado complicando desde que salieron del Huerto del Edén.

Las madres no son la excepción. Si lo duda, tan sólo haga una encuesta. Pregunte a todas las mamás que conozca si están ocupadas en estos días. Casi sin equivocarnos, la respuesta será: "¡Uy, sí!". Y después escuchará con detalle lo frenética y agotadora que es la agenda de cada madre. No importará si son mamás en casa a tiempo completo, mamás con carreras, solteras o casadas, encontrará que todas nosotras hemos llenado nuestras vidas de tantas demandas y actividades, que no podríamos meter ni una sola cosa más.

Si Jesús mismo apareciera y se sentara en nuestra mesa de la cocina por la mañana, ¡la mayoría de nosotras ni siquiera tendría tiempo para estar con Él! Hubiéramos tenido que saludarle al salir por la puerta y decir: "Lo siento, Señor. Los niños tienen que estar temprano en la escuela para el ensayo de la banda hoy, yo tengo que preparar una presentación en la oficina, y después del trabajo tengo partidos de fútbol y una reunión de padres en la escuela a la que tengo que asistir. Es que no tengo nada de tiempo libre".

Es difícil imaginarnos diciendo esas cosas a Jesús si físicamente Él estuviese sentado en su casa, ¿verdad? Pero espiritualmente, es lo que hacemos a menudo. Él dijo que nunca nos dejaría, así que está aquí con nosotras, preparado para tener comunión con nosotras cada día...pero ¿con qué frecuencia nos detenemos para pasar tiempo con Él?

> *Si Jesús mismo apareciera y se sentara en nuestra mesa de la cocina por la mañana, ¡la mayoría de nosotras ni siquiera tendría tiempo para estar con Él!*

Yo sé lo que probablemente esté usted pensando. *¡Denos un respiro, Joyce! Jesús entiende lo ocupadas que estamos las mamás. Él sabe que sólo estamos siendo responsables y haciendo lo que tenemos que hacer.*

Quizá sí. Pero entonces quizá sea lo que también pensó Marta. Recuerda haber leído sobre ella, ¿verdad? Ella era la mujer que, en la época de Jesús, les invitó a Él y a sus seguidores a su casa y les ofreció ser la anfitriona de su taller de enseñanza.

> *Tenía ella una hermana llamada María que, sentada a los pies del Señor, escuchaba lo que él decía. Marta, por su parte, se sentía abrumada porque tenía mucho que hacer [demasiado ocupada]. Así*

que se acercó a él y le dijo, Señor, ¿no te importa que mi hermana me haya dejado sirviendo sola? ¡Dile que me ayude! Marta, Marta—le contestó Jesús—, estás inquieta y preocupada por muchas cosas, pero sólo una es necesaria. María ha escogido la mejor, y nadie se la quitará.

Lucas 10:39-42

Observe que el problema de Marta no era que ella estaba ocupada. No hay nada de malo en absoluto en estar ocupada. Su problema era que *estaba demasiado ocupada*. Y casi siempre, es nuestro problema también.

¿Cómo sabemos cuándo estamos "demasiado" ocupadas?

Es fácil. Estamos demasiado ocupadas cuando, como Marta, no tenemos tiempo para pasar con el Señor. Le insto a creer la Palabra de Dios que dice que si buscamos primero a Dios, todas las demás cosas nos serán añadidas (véase Mateo 6:33). Si toma tiempo para pasarlo con Dios, descubrirá que el resto de su tiempo es más productivo. Si no me cree, entonces pruébelo y descúbralo por usted misma.

El secreto para comenzar bien su día

Creo firmemente que el camino para que cada día comience bien es hacerlo con Dios. Me encanta el Salmo 17:15, que dice que estaremos plenamente satisfechos cuando nos despertemos contemplando a Dios y teniendo dulce comunión con Él. Quizá para algunas

mamás la mejor manera de comenzar su día con Dios
es hacerlo antes de levantarse de la cama. Después
de despertarse, quédese en la cama durante diez minutos y hable con Dios. Agradézcale por ayudarle con
su día aún antes de que comience.

Para las nuevas madres, déjenme añadir una advertencia aquí. Cuando se tiene un bebé que no está
durmiendo toda la noche completa todavía y su horario está fuera de control, lo único que se tiene para
dedicar exclusivamente a Dios pueden ser unos pocos
minutos aquí y allá cuando el bebé toma una siesta.
Si esa es su situación actual, tan sólo descanse en la
gracia y misericordia de Dios. Él tiene compasión
de usted. Él se encontrará con usted y le ayudará de
una forma especial durante esa temporada breve pero
caótica. Dios entiende completamente nuestras circunstancias y situaciones. Todos tenemos etapas en la
vida que requieren que nos desviemos de lo que sería
nuestra rutina normal, pero no deberíamos dejar que
eso se convierta en un estilo de vida.

Tener comunión y tiempo de forma regular con
Dios es lo más importante que debería hacer para
usted misma. Yo he llegado a aconsejar a mamás que
paguen a una canguro durante unas horas cada semana para pasar tiempo con Dios si esa es la única
opción. No puedo enfatizar lo suficiente lo importante
que es tomarse tiempo para estar con el Señor. Ahí es
de donde sacamos fuerza y sabiduría para todas las
situaciones en la vida. La verdad es que cuanto más
ocupadas estamos y cuanta más responsabilidad tenemos, más tiempo necesitamos con Él.

¿Porqué es eso cierto?

Porque si hace de su tiempo con Dios su principal prioridad, todo lo demás en su vida encajará en su lugar. Tendrá más sabiduría divina para identificar lo que de verdad importa y lo que no. Tendrá más gracia para hacer lo primero y dejar lo segundo sin hacer tranquilamente, y, sólo con eso, habrá recorrido un largo camino hacia simplificar su vida.

Y lo que es más, en lugar de apresurarse saliendo por la puerta ya irritada y acelerando a los niños, tendrá más paz y paciencia con ellos. Quizá tendrá que enviarles a la escuela con galletitas saladas para tomar en lugar de galletas hechas a mano, porque tendrá su nariz en la Biblia antes que en la cocina, pero lo hará con tal dosis extra de amor y gracia que todo el mundo estará mucho mejor.

Si comienza su día bien al empezarlo con Dios, usted y su familia disfrutarán nuevos niveles de paz y alegría. Puedo confirmar esto por propia experiencia.

Pasé años cuando era una joven mamá yendo a la iglesia, asistiendo a conferencias, escuchando grabaciones de enseñanzas y aprendiendo todo lo que podía, de predicadores y otras personas, sobre la vida cristiana victoriosa. Pero realmente, nunca comencé a vivir en victoria hasta que empecé a encontrarme personalmente con Dios lo primero en la mañana, cada día. Nunca experimenté un gozo tan constante y tan creciente hasta que puse en línea mi vida y mi horario con versículos como estos:

Lo único que le pido al Señor, lo que más anhelo, es vivir en la casa del Señor todos los días de mi vida, deleitándome en la perfección del Señor y meditando dentro de su templo.

Salmo 27:4, NTV

Por la mañana, Señor, escuchas mi clamor; por la mañana te presento mis ruegos, y quedo a la espera de tu respuesta.

Salmo 5:3

Dios, Dios mío eres tú; de madrugada te buscaré.

Salmo 63:1, RVR-60

"¡Pero es que yo no soy de madrugar!", podría decirme.

Entonces quizá quiera cambiar su declaración y pedirle a Dios que le ayude a disciplinarse para levantarse unos minutos más temprano, porque las mañanas son extremadamente importantes. La Biblia nos indica esto una y otra vez. Nos dice que Jesús se levantaba por la mañana y oraba (véase Marcos 1:35). Dice que Abraham, Jacob y David, todos ellos se levantaban temprano a buscar al Señor.

Obviamente, ¡Dios quiere que sepamos que sí importa cómo comenzamos nuestro día!

Incluso si prefiere usted orar y leer más tarde durante el día, ¡por lo menos tome unos minutos para darle los buenos días al Señor y decirle que le ama y que le necesita!

Yo creo que todos necesitamos tiempo a diario con Dios para llevar a cabo su plan para nuestras vidas.

Sin ello, no podemos ser la mamá, la esposa, o la persona que Él nos ha llamado a ser. Por eso el enemigo luchará más contra usted por su tiempo con el Señor que contra cualquier otra cosa de su vida. Su destino mismo depende de ello.

Una vez que yo entendí esto completamente, el tiempo que paso con Dios cada mañana no es negociable. Pelearía contra un oso por eso si fuese necesario. Si quiere desarrollar el hábito de pasar tiempo con Dios lo primero en la mañana en lugar de planear hacerlo después, (y quizá al final no ponerse a ello), puede que tenga que dejar de acostarse tan tarde. Muchas personas que no pueden levantarse por la mañana luchan porque se quedan despiertas por la noche hasta demasiado tarde. Quizá necesite apagar la televisión más temprano o dejar algunos juguetes sin recoger o algunos platos en la pila de la cocina, pero puede abordar esas cosas mañana después de haber tenido un tiempo refrescante con Dios. Recomiendo buscar a Dios temprano porque, si lo hacemos primero, no hay manera de olvidarlo, pero cada una de nosotras tiene que encontrar lo que funciona para sí misma. Nuestra meta debería ser tener comunión con Dios durante todo el día, incluyéndole y reconociéndole en todos nuestros caminos (véase Proverbios 3:5-7).

Vestirnos espiritualmente

Si este concepto es nuevo para usted, puede estar preguntándose exactamente qué debe hacer durante el tiempo que pasa con el Señor cada mañana. Antes de darle algunas recomendaciones, déjeme decirle esto: el hecho de pasar tiempo con Dios ya marcará una diferencia tremenda. Así que no se preocupe demasiado sobre "hacerlo bien". Sólo al poner a Dios lo primero en su día, usted le está diciendo que le necesita. Le está dando honor, y Él va a responder a eso.

Con eso dicho, lo primero que a mí me gusta hacer es librarme de los desastres de ayer. Si me siento mal por algo que dije o hice, o si pienso que he fallado de alguna manera, lo reconozco y recibo la misericordia y el perdón del Señor. Como dice Lamentaciones 3:21-23:

> …*algo más me viene a la memoria, lo cual me llena de esperanza: el gran amor del Señor nunca se acaba, y su compasión jamás se agota. Cada mañana se renuevan sus bondades.*

Esto es lo maravilloso del sistema de Dios: los días de trabajo separados por las noches de sueño hacen de cada mañana un comienzo nuevo. Tome ventaja de este hecho. No permanezca enojada consigo misma por las meteduras de pata de ayer.

No puede tener un buen día si está bajo condenación. Así que reciba la misericordia de Dios y empiece cada día con borrón y cuenta nueva. Si comienza el día sintiéndose culpable, entonces será más que probable que esté malhumorada con sus hijos, y entonces se sentirá aún peor consigo misma. Es mejor caminar durante el día arrepintiéndose inmediatamente y recibiendo la gracia de Dios, su misericordia y su perdón en cualquier momento que peca o que falla. De esta manera mantiene su espíritu ligero y libre, sin cargas que la abaten.

> *No puede tener un buen día si está bajo condenación. Así que reciba la misericordia de Dios y empiece cada día con borrón y cuenta nueva.*

Lo siguiente es darle las gracias a Dios por todo lo que pueda imaginar. Puede agradecerle que puede caminar, hablar, ver y oír. Déle gracias porque tiene agua caliente, comida que comer, y una familia a la que cuidar. Empezar cada día con un corazón agradecido establece el tono del día. ¡La gratitud es en realidad un arma poderosa que aleja al enemigo!

Creo que mi tiempo con Dios es equivalente a vestirme espiritualmente. Las mujeres pasarán una hora peinándose, maquillándose y escogiendo el vestuario correcto...pero saldrán por la puerta sin vestirse espiritualmente. La Palabra de Dios nos enseña a vestirnos de Cristo, a ponernos la nueva naturaleza que Dios nos ha dado, vestirnos de misericordia, vestirnos de amor y cosas como esas. Eso significa sencillamente que podemos dedicar tiempo a poner nuestras mentes en la dirección de caminar en el Espíritu en lugar de correr en la carne (carnalidad).

Considere estos versículos de la Escritura:

... ser renovados en la actitud de su mente; y ponerse el ropaje de la nueva naturaleza, creada a imagen de Dios, en verdadera justicia y santidad.

Efesios 4:22-24

Por lo tanto, pónganse toda la armadura de Dios... ceñidos con el cinturón de la verdad, protegidos por la coraza de justicia, y calzados con la disposición de proclamar el evangelio de la paz. Además de todo esto, tomen el escudo de la fe, con el cual pueden apagar todas las flechas encendidas del maligno. Tomen el casco de la salvación y la espada del Espíritu, que es la palabra de Dios.

Efesios 6:13-17

... ahora que se han quitado el ropaje de la vieja naturaleza con sus vicios, y se han puesto el de la nueva naturaleza, que se va renovando en conocimiento a imagen de su Creador.

Colosenses 3:9-10

Meditar en escrituras como estas y disponer su mente a obedecerlas con la ayuda de Dios es una de las claves de la vida victoriosa. Cuando disponemos nuestras mentes a caminar en el Espíritu, es menos probable que nos encontremos caminando en la carne.

Dé a sus ángeles algo que hacer

Todas nosotras tenemos ángeles ministradores asignados para ayudarnos a medida que servimos a Dios.

> *Porque él ordenará que sus ángeles te cuiden en todos tus caminos.*
>
> Salmo 91:11

Aprendemos de la Biblia que los ángeles prestan oídos (prestan atención) a la voz de Dios.

> *Bendigan al Señor, ustedes sus ángeles, ustedes poderosos que hacen sus mandamientos, prestando oídos a la voz de su palabra.*

Proclamar la Palabra de Dios en voz alta ha sido y es una parte importante de mi caminar con Dios. No sólo ayuda a renovar mi mente, sino que también creo que cuando confesamos la Palabra de Dios en voz alta, eso les da a nuestros ángeles algo que hacer. Pueden ponerse manos a la obra para que ocurran esas palabras en nuestras vidas. Sin embargo, si comenzamos nuestro día quejándonos por lo mal que nos sentimos o por lo mucho que tenemos que hacer, atamos sus manos y no pueden ayudarnos.

Estas son algunas sugerencias de cosas que puede confesar o proclamar en voz alta:

- Soy bendecida más y más, yo y mis hijos (véase Salmo 115:14).

- Mi senda es como la luz de la aurora, su esplendor va en aumento cada día. Buenas cosas me van a ocurrir hoy (véase Proverbios 4:18).

- Soy bendecida y soy una bendición para otros dondequiera que voy (véase Génesis 12:2)

- Todas mis necesidades son suplidas conforme a las riquezas de Dios en gloria por Cristo Jesús, y nada me faltará (véase Filipenses 4:19, Salmo 23:1).

- Dios me ama incondicionalmente.

- Todos mis pecados son perdonados y no hay condenación para los que están en Cristo.

- Estoy llena de la sabiduría de Dios.

- Opero en todo el fruto del Espíritu Santo.

- Soy guiada por el Espíritu Santo.

Le animo a que amplíe esta lista para que se ajuste a su propia vida y a sus necesidades, ¡y profetice sobre su futuro cada día! Tiene ángeles asignados para usted que están deseando trabajar a su favor. Como la Biblia dice, ellos "prestan oídos a la voz" de la Palabra de Dios, no les deje que se aburran. ¡Proclame la Palabra y déles algo que hacer!

Yo también uso este tiempo para disponer mi corazón para ser una bendición para otras personas. Le pido a Dios que me muestre formas de expresarles su amor y fortalecerles. Al mismo tiempo, recibo gracia extra y fuerza del Señor para ayudarme a conquistar cualquier debilidad y susceptibilidad a la tentación que haya percibido en mí misma.

Oro especialmente por mi boca, porque decir cosas que no necesito decir ha sido una debilidad en mí durante mi vida.

Jesús les dijo a sus discípulos en el huerto de Getsemaní: *Oren para que no caigan en tentación* (Lucas 22:40). He descubierto que esa es una oración que Dios siempre está dispuesto y es capaz de contestar. Cuando sea usted débil en cualquier área, recomiendo orar por ello regularmente y no tan sólo cuando esté en medio de la tentación. Todas seremos tentadas, pero con certeza podemos confiar en Dios para que nos ayude a no caer en la tentación.

Presente todas sus peticiones a Dios, pídale cualquier cosa que necesite y confíe que Él escucha y responde a la oración. Siempre recuerde que a Dios le importa todo lo que concierne a usted, y Él quiere estar involucrado en cada área de su vida. No hay nada demasiado grande o demasiado pequeño para hablarlo con Dios. Jesús envió al Espíritu Santo para estar en estrecha comunión con usted, así que invítele a todas las áreas de su vida, no sólo las que usted cree que son espirituales.

Puede ser una madre segura de sí misma si descansa en Dios para todas las cosas y pone su confianza en Él. Él es su Compañero santo en la vida, y con Él llenando su corazón nunca estará sola ni le faltará sabiduría en cómo criar y educar a sus hijos.

No olvide que incluso si usted siente que sólo puede pasar diez minutos cada mañana con el Señor, empiece por ahí. Será tan fructífero, que pronto querrá darle más. Será capaz de hacerlo también, porque al poner las cosas más importantes primero, las distracciones innecesarias como pasar demasiado tiempo en los medios sociales de comunicación y otras cosas empezarán a disminuir. Quizá todavía esté ocupada, pero debido a que no estará "demasiado" ocupada para pasar algún tiempo a los pies de Jesús, la vida se hará más sencilla y más dulce.

Exactamente como Él prometió, usted tendrá esa "buena porción" que nadie puede arrebatar.

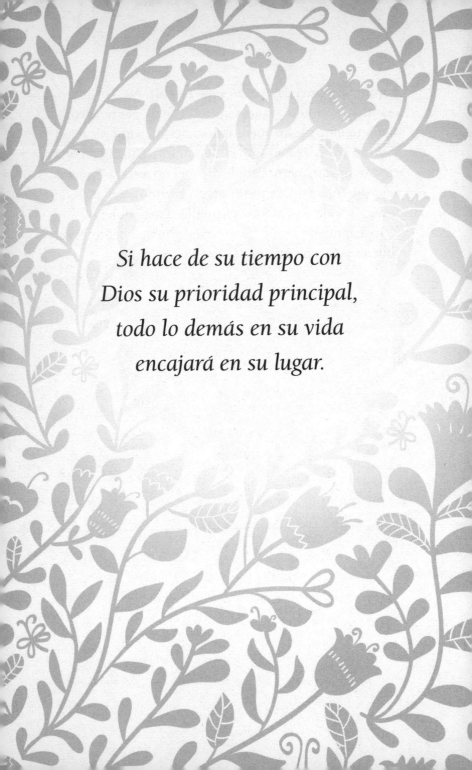

*Si hace de su tiempo con
Dios su prioridad principal,
todo lo demás en su vida
encajará en su lugar.*

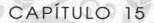

CAPÍTULO 15

Disfrute del viaje

"Mi madre tuvo muchos problemas al criarme, pero creo que lo disfrutó".

—Mark Twain

En los primeros años de la Segunda Guerra Mundial, una joven llamada Helen mecanografiaba una columna de números en una calculadora. Repasando por segunda vez los números que había escrito, se aseguraba de que eran los correctos. Después los totalizaba y se recordaba a sí misma el porqué estaba haciendo eso:

Era su forma de ayudar a las tropas.

Ocho horas al día, cinco días por semana, los meses se tornaban años y ella seguía escribiendo y sumando... escribiendo y sumando. Los números de alguna manera pertenecían a aeronaves construidas para apoyar la guerra. Así que, en teoría, Helen sabía que estaba contribuyendo a una causa noble. Pero en el centro de una oficina llena de otras mecanógrafas que hacían el mismo trabajo, ella también sentía estas tres cosas:

Su trabajo no parecía muy importante.

Nadie iba nunca a apreciarla por hacerlo.

Y no era nada divertido.

Estas apreciaciones no eran únicas. Las compañeras de trabajo de Helen lo habían captado también. Durante los descansos para el café y el almuerzo, ellas se quejaban sobre lo monótono de sus días. Languidecían en voz alta por oportunidades de trabajo más emocionantes y mayores remuneraciones. Entonces caminaban fatigosamente a sus mesas de nuevo y hacían lo justo para no ser despedidas.

Helen, sin embargo, escogió un enfoque diferente. Decidió convertir la aburrida tarea de mecanografiar números a miles, en un juego. A la vez que supervisaba su propia velocidad y precisión, cada día intentaba superar lo que había hecho el día anterior. Encontró formas de trabajar más rápido y con menos errores. Se felicitaba a sí misma, celebraba el progreso y actuaba cada día como si, por hacer bien su trabajo, pudiera ganar la guerra ella sola.

En el proceso, comenzó a divertirse.

También destacó y fue ascendida. Lo cual estaba bien, pero no había sido su meta necesariamente. Lo que Helen se había propuesto hacer era disfrutar de su vida, cada día, sin importar sus circunstancias.

Finalmente, la guerra terminó y ella se casó y se convirtió en mamá, pero seguía con su determinación. Cuando su esposo aceptó un trabajo que le mantenía fuera de la ciudad por largos periodos de tiempo, ella transformaba sus ausencias en aventuras. Hizo un juego del inventarse cosas inesperadas para que sus hijos hicieran mientras él no estaba. "En lugar de cenar en la mesa hoy, ¡vamos a hacer un picnic en casa!", decía mientras extendía una colcha en el piso del cuarto del comedor. O: "Sé que mañana hay que ir a la escuela, ¡pero vayámonos al cine!".

Al asignar las tareas a sus hijos, ella sin darse cuenta les contagiaba su actitud a ellos. "Si terminan su trabajo en una hora y lo hacen bien, lo celebraremos después".

"¿Que vamos a hacer?", preguntaban ellos. "¿Cómo lo vamos a celebrar?".

Ella respondía con una sonrisa cómplice, sabiendo que el misterio añadía más diversión. "Solo confíen en mí. ¡Ya verán!".

Los hijos de Helen ya han crecido. Tienen hijos y nietos propios; pero todavía disfrutan enormemente los recuerdos que su mamá creó cuando eran niños. Ellos todavía aprecian este como uno de los más preciados legados que ella les dejó:

Les mostró cómo disfrutar de los momentos ordinarios de la vida cotidiana.

Boles de cereal, huevos revueltos y recompensas eternas

Reconozco qué importante puede ser un legado como el de Helen. He tenido la suficiente experiencia para saber que, en su mayor parte, la vida ocurre en los momentos ordinarios. El gozo y la satisfacción plena se obtienen o se pierden por cómo abordamos las pequeñas y aparentemente rutinarias tareas del día a día. Por eso, al terminar este libro quiero dejarle con este reto: disfrute del viaje de la maternidad.

Algunos expertos podrían aconsejarme no decir esto. Ellos defienden que es poco realista decirles a las mujeres que disfruten de la experiencia completa de ser madres. Señalando que nadie en su sano juicio se deleita en lidiar con un bebé en plena dentición, ni se emociona al limpiar marcas de pinturas de las paredes, ellos advierten que sugerir a las madres que deben, de alguna manera, disfrutarlo todo, pone presión excesiva sobre ellas.

> *Por eso, al terminar este libro quiero dejarle con este reto: disfrute del viaje de la maternidad.*
>
>

Entiendo que hay un elemento de verdad en todo eso. Y nunca quisiera que se sintiera culpable por las veces que quizá haya tenido un día duro o se haya sentido un poco desanimada. Pero también creo que hay una perspectiva bíblica que puede hacer incluso las tareas más repetitivas y rutinarias, más gratificantes. Hay algunas cosas que puede recordar que le harán reaccionar cuando los retos diarios de ser madre intenten abatirle.

La primera es esta: Jesús mismo ve y aprecia todo lo que usted hace por su familia. Él atribuye importancia eterna a cosas como enjuagar los boles de cereal, doblar toallas de baño y limpiar los pisos que, en cuestión de horas, estarán sucios de nuevo. Dios siempre recompensa la fidelidad y el esfuerzo que usted hace para servirle a Él con alegría.

Durante su vida en la tierra, Jesús dedicó algunos de sus más preciosos momentos a tareas sencillas. En las horas previas a su crucifixión, por ejemplo, Él pasó tiempo lavando los pies de sus discípulos. También se aseguró de que no se perdieran el mensaje que había detrás de ello. *Y, dado que yo, su Señor y Maestro, les he lavado los pies, ustedes deben lavarse los pies unos a otros. Les di mi ejemplo para que lo sigan. Hagan lo mismo que yo he hecho con ustedes* (Juan 13:14-15, NTV).

Unos días después de su resurrección, Él hizo lo mismo otra vez. Con ya poco tiempo para pasar con sus discípulos, Él tomó tiempo una mañana para prepararles el desayuno (véase Juan 21:9). Piense en ello: Jesús, el Rey de Reyes y Señor de Señores resucitado, ¡preparando el desayuno! ¡¡Tengo que decir que me encanta este ejemplo!!

Sabiendo que Él nunca perdió su tiempo haciendo cosas no importantes, si Jesús lavó pies y cocinó, fue porque esas cosas importan, y mucho. Como mamá, disfrutará más su vida si tiene esto en mente. Recuérdeselo a usted misma, cuando le llegue el agua hasta los codos lavando platos, o preparando una vez más una sartén llena de huevos revueltos, o cuando esté debajo de la mesa de la cocina tratando de limpiar leche derramada mientras intenta esquivar todos esos pies alrededor de su cabeza, que no sólo está sirviendo a su familia, está agradando a Jesús. Está mostrándoles amor de la manera que Él lo hace, y está usted haciendo exactamente lo que Él quiere que haga. El amor no es mera teoría, o una palabra que usamos, sino acción manifestada de forma práctica y beneficiosa.

Como quizá no reciba demasiada apreciación por ello de parte de quienes le rodean, aquí tiene otra cosa que debería tener en mente: con cada acto de servicio con amor, está almacenando recompensas eternas. La sociedad quizá no la aplauda y gran parte de su trabajo puede pasar desapercibido, pero de acuerdo a la Biblia, Dios tiene registro de todo lo que usted hace. De modo que:

> *Y todo lo que hagáis, hacedlo de corazón, como para el Señor y no para los hombres; sabiendo que del Señor recibiréis la recompensa de la herencia, porque a Cristo el Señor servís.*
>
> Colosenses 3:23-24, RVR-60

Lo último que le animo a que recuerde es esto: Jesús vino… *para que tengan vida, y la tengan en abundancia* (Juan 10:10). Así que acepte su oferta. Si alguien sabe cómo celebrar los momentos ordinarios de la vida, es Jesús. Él es Aquel que convirtió el agua en vino en las bodas de Caná para que la fiesta pudiera continuar. Él es Aquel tras las fiestas y celebraciones que los israelitas disfrutaron durante miles de años.

Así que pídale a Él que le muestre cómo puede hacer la vida diaria más divertida, para usted y para sus hijos. Deje que Él le enseñe, como enseñó a la joven durante la Segunda Guerra Mundial, a disfrutar tanto el viaje de la vida que pueda contagiar su gozo a futuras generaciones.

"¿Puedo estar segura de que Él hará eso por mí?", podría usted preguntar.

¡Totalmente!

CONCLUSIÓN

Según termina estas últimas páginas de *Madre segura de sí misma*, déjeme ser la primera en decirle: *¡Enhorabuena! ¡Lo ha conseguido!*

Le estoy felicitando no sólo porque es una mamá que terminó un libro (aunque con su horario tan ocupado, ¡eso es un gran logro!), sino también porque usted es una madre que se ha embarcado con éxito en un nuevo viaje.

Mire, la senda de la educación de los hijos nunca fue diseñada para ser recorrida con ansiedad o aprensión. Usted no fue creada para angustiarse por cada paso en falso, dudar en cada curva y paralizarse en cada encrucijada del camino. El viaje de una madre es un regalo de Dios, y los regalos de Dios no son para temerlos, ¡sólo para celebrarlos!

Oro para que este libro le haya dado la seguridad para comenzar a celebrar de nuevo.

Independientemente de dónde se encuentre usted misma a lo largo de la senda de la maternidad, déjeme animarle a disfrutar cada paso de ahora en adelante. La emoción del embarazo, los retos de la dentición, el primer día de escuela, las aventuras del verano, las lecciones de la disciplina, las charlas en la noche, las visitas a la universidad, y la transición a la madurez... todo ello se puede vivir con gozo y una seguridad inconmovible de que Dios está en control.

La Palabra de Dios dice: *Pues Dios no nos ha dado un espíritu de timidez, sino de poder, de amor y de dominio propio* (2 Timoteo 1:7). ¡Este es un "versículo para mamás" si los hay! *La timidez, la cobardía* y el *miedo* ¡son cosas del pasado! *El poder, el amor* y *la calma* ¡le están reservadas para su futuro!

Creo que hoy es un nuevo día para usted y para su familia. Dios le dará nuevo poder a medida que pelea por sus hijos; un nuevo amor en su hogar y en sus relaciones los unos con los otros; y una nueva calma conforme usted le busque a Él para obtener su dirección en cada decisión de la crianza de sus hijos.

Le insto a que crea que su trabajo de ser madre es uno de los trabajos más importantes en el mundo entero. Después de todo, sin mamás ninguna de nosotras estaría aquí. Así que haga su trabajo con gozo y con seguridad, y crea con todo su corazón que usted y Dios están asociados en criar y nutrir a la próxima generación de poderosos hombres y mujeres de Dios.

No pierda ni un momento más. Su nuevo viaje ha comenzado. De hoy en adelante, ¡celebre su vida como la *Madre segura de sí misma* que Dios creó!

ACERCA DE LA AUTORA

JOYCE MEYER es una de las más destacadas maestras prácticas de la Biblia en el mundo. Autora de éxitos de ventas número uno del *New York Times*, ha escrito más de 100 libros motivacionales, incluyendo *Cambia tus palabras, cambia tu vida*, *Cómo formar buenos hábitos y romper malos hábitos*, la serie completa de *El campo de batalla de la mente*, y dos novelas, *The Penny* y *Any Minute*, así como muchos otros. También ha publicado miles de enseñanzas en audio y una completa videoteca. Los programas de radio y televisión de Joyce, *Disfrutando la vida diaria*® se emiten en todo el mundo, y ella viaja extensamente dando conferencias. Joyce y su esposo, Dave, son padres de cuatro hijos adultos y viven en St. Louis, Missouri.

JOYCE MEYER MINISTRIES
DIRECCIONES EN E.U.A
Y EL EXTRANJERO

JOYCE MEYER MINISTRIES

P.O. Box 655
Fenton, MO 63026
USA
(636) 349-0303

**JOYCE MEYER MINISTRIES—
CANADÁ**

P.O. Box 7700
Vancouver, BC V6B 4E2
Canada
(800) 868-1002

**JOYCE MEYER MINISTRIES—
AUSTRALIA**

Locked Bag 77
Mansfield Delivery Centre
Queensland 4122
Australia
(07) 3349 1200

**JOYCE MEYER MINISTRIES—
INGLATERRA**

P.O. Box 1549
Windsor SL4 1GT
United Kingdom
01753 831102

**JOYCE MEYER MINISTRIES—
SUDÁFRICA**

P.O. Box 5
Cape Town 8000
South Africa
(27) 21-701-1056

Los mensajes de Joyce se pueden ver en una variedad de idiomas en: tv.joycemeyer.org.